困難な教育

悩み、葛藤し続ける
教師のために

めがね旦那

まえがき

この度は、『困難な教育』をお買い上げいただき、ありがとうございます。

まずはこの本の執筆の経緯からお話しさせてください。この本は、内田樹先生のご著書である『困難な成熟』（夜間飛行、２０１５年）で学んだことを、教育の文脈で書いてみたいと思って書いた原稿が元になっています。その原稿がある程度の量になったので、学事出版さんに持ち込んでみたところ、「出版しましょう」という話になったのです。

僕にとっての執筆は「思考の整理」という意味合いが強いです。本を読んで感じたことや考えたことというのは、その時点では「不定形」なもので、形を持たず、ふわふわしていて、別のことを考えている間に霧散してしまうようなイメージです。そのままではどんどん消えてなくなってしまう「思考」を、整理して固めないと頭に残らないのです。だから、僕にとっての執筆はチューブから出された「木工用ボンド」なのです。グニュグニュと出てきたボンドは、はじめは可塑《かそ》性がありますが、次第に空気に触れて固まっていきます。そうやって、モヤモヤ考えていた可塑的な思考が、固まったボンドのような思考になれば、別のある機会でも、その思考を容易に引き出すことができるのです。

ただ、文章を書くという作業は簡単にはできません。それなりに認知的負荷がかかる作業ですので、僕だっていつでもどこでも書いているわけではないのです。「この思考はまとめておかないといけない」という直感があって初めて書けるわけなのです。だから、そういう僕の直感が働くきっかけになった内田樹先生の『困難な成熟』もぜひ読んでほしいと思います。

さて、この本の内容は「教育ってホントに難しいよね……」ということを書いている本です。それは僕自身が日々感じていることです。でも、そうやって悩みながら教育に向き合うという姿勢を持っている先生は、その時点でかなり優れているのではないかとも思っています。

「教育には正解がない」という言葉はかなり流布されていますが、これはすべての教育実践を相対化して「なんでもいいや」としてしまうようなものではないと考えています。教育には「よくわからない他者」としての「子ども」が存在しています。この「他者としての子ども」に対して、どのように向き合っていったらいいのかという、教師が持つべき「倫理」みたいなことを、僕は常に考えています。(「他者」という概念は、内田樹先生のお師匠様であるユダヤ人哲学者、エマニュエル・レヴィナス先生のキー概念です。)

「他者としての子ども」を尊重せずに、教師自身の世界に引きずりこんでしまうことには「暴力性」が伴います。例えば、繰り下がりの引き算ができないからといって、休み時間も放課後も延々と計算問題をさせることの暴力性はイメージしやすいかなと思います。教室において、教師という存在には「権威」が付帯しています。権威に逆らうことは、かなり難しいです。弱者である子どもは、権威者である教師の「無自覚の暴力」を受け続けている事例はたくさんあります。

しかし一方で、繰り下がりの引き算が「できないまま」という子どもの状態を放置しておけない教師の気持ちも、また痛いほどわかるのです。算数科は「積み重ねていく学問」です。だから「積み残し」は、後の学習に大きな影を落としてしまいます。

僕はそれらの葛藤から「指導計画の見直し」を迫られることになり、「算数科の授業における一斉指導の配分を減らして、その分を個別指導の時間にする」という方向性を見出しました。

ドイツ人哲学者ヘーゲルの「弁証法」という考え方があります。対立する二つの考えを闘争させることで、別の新しい考えが生まれるという考え方です。葛藤状態にある教師には、常に「弁証法的な思考」が求められているのです。

現状の学校教育にはたくさんの矛盾が存在しています。

「子どもたちの主体性」と「学級内の秩序と規律」

「学力向上」と「自由な学び」

「厳しい教師」と「甘えられる教師」

これらの矛盾を抱えながらも、常に「その場での最適解」を求められ続けるという過酷な任務を我々は担っているのです。

それでも、何とか考え抜いて、最適解に辿り着けたとしても、そこには「他者としての子ども」が立ちはだかっています。彼ら、彼女らは、我々の最適解を簡単に崩してきます。ここが教育実践の最難関なのです。教師一人の自己完結では決して終わらない。でも、見方を変えれば「他者としての子ども」がいるおかげで、教師は「自己完結」という「孤独な輪」に閉じこもることが許されないのです。「他者としての子ども」は「阻害要因」にも見えますが、実は「無限に開かれた可能性」でもあったのです。

「他者としての子ども」に対して「暴力的」にならず、かつ、邪魔だからといって「排除」することもなく、教育実践が、教師の「思考実験」のような一人相撲にならないためには、どのような「倫理」が求められるのか。そんなことを本1冊分、一緒に考えていけたらと思っています。

それでは、あとがきでお会いしましょう。

第1章 教育を捉え直す

特別企画
対談

内田樹×めがね旦那

※本文の注は、主に内田樹著『困難な成熟』（夜間飛行、2015年）より引用・要約し、編集部で作成した。

第１章

教育を捉え直す

あえてモヤモヤを残す、トラブル指導

小学校の先生をしていると、毎日、子ども同士の「トラブル対応」に忙殺されてしまうと思います。子どもたちは、まだまだ未熟なので（だから、「子ども」なんですが）、クラスメイトとの「距離感」が近すぎたり、遠すぎたりしてしまいます。気に食わないなら、離れておけばいいものを、わざわざ近づいて、欠点を論《あげつら》ってみたり、好きすぎてベタベタ接してみた結果、身体接触過剰になり、やはりトラブルに繋がってしまったり。そうやって、失敗を繰り返す中で、周りにいる他者との距離感のつかみ方を把握してくれたらいいなと願っているのですけれど、それでも忙しい業務に、このようなトラブル対応が間断なく入り込まれると、さすがに辟易してくるという気持ちもまた正直なところです。

「ごめんね、いいよ指導」というのがあります。これは、教育現場で行われるトラブル解決法で、加害児童と被害児童に「謝罪と赦し」を強要することによって、形式的にトラブル解決を図るという方法です。最近では、この指導の持つネガティヴな側面を取り上げる言説も増えてきましたが、それでも現場に根強く残っている指導だと感じます。

この指導の、「管理」としてのメリットは「トラブル解決」の一点につきます。というのも、我々が児童間のトラブルを解決したいと願う主たる動機は「保護者案件に繋げたくない」というものです。こうやって書いてしまうと何だか虚しくなってきてしまうのですが、これもメディアや専門家の皆様が、教育界の不祥事を数多く取り上げていただいたことによって、学校への社会の信頼度が劇的に損なわれたことの帰結ですから、仕方ありません。学校はすでにかなりの程度「保護者からのクレーム」に弱くなっています。「クレーム案件」という言い方は、まさに「企業とお客さま」という枠組みですね。この枠組みで「企業がお客を納得させる」なんてあり得ません。

教育という営みは「信頼」という土台がなければ成立なんてしません。これは皆さんが忘れてしまっている教育を成立させる大前提です。だって、学校は、保護者の大切な子どもを日中預かり、さらに「教育する」わけですからね。そこに「信頼」でなくて「疑念」が渦巻いているようなら、「教育」は「洗脳」に見えてしまっても不思議ではないでしょう。さらに言えば、教育なんて「正解」がないものです。「疑念」という眼鏡を通して教育を見れば、すべての教育活動は「不正解」に見えてしまっても仕方がありません。つまり、教育という営みを成立させるためには、**保護者による学校への「無条件の信頼」という要素が不可欠**なのです。

「無条件」という言葉に引っかかってしまう人もいるかと思います。でも、ここは外せません。だって、**「合理的に納得できる」ような唯一解を30人学級の保護者数十名に用意することなんて不可能**なんですから。「ただただ厳しく、子どもたちが先生に従順に従うような学級」を理想郷として挙げる保護者や教師は現にたくさんいます。一方で、「子どもたちの主体性を尊重し、調教的な側面の強い前時代の教育からの脱却」に賛同する保護者もまたたくさんいます。そのどちらもが「合理的に納得できる」ような教育実践なんてあり得ません。いえ、一つだけありますね。それが学校への「無条件の信頼」なんです。それさえあれば、あとは「子どもの姿」から、それぞれの保護者が「自分の教育観に合ったように解釈」してくれます。教育とは、そういう幻想的なものだとも感じています。

さて、話が脇道にそれたので戻しましょう。というか、僕は常々言っているのですが、このような「脱線話」こそが「話題の本質」になることが多いんですよね。みなさんもご記憶にあると思いますが、学校の授業における、教師の脱線話のほとんどは「授業内容」よりも、強く記憶に残っていますよね。その理由は簡単です。それは、教師自身が楽しんで話しているからなんです。つまり、聞き手はその「教師の楽しさ」という部分に反応して「楽しんでいる」。さらに、教師側の「脱線話をしたい」という欲望は、まさに授業内容から派生しているわけで、そういう意味では「創造的」な話題とも言えます。あらかじめ用意された話題よりも、その場で生み出されたような話題の方が、語り手は高いモチベーションで話ができるはずです。そういう意味で、僕は授業や執筆における「脱線話」を強く信頼しています。

さてさて、トラブル解決の話題でした。保護者対応にしないためにも、「ごめんね、いいよ指導」が用いられる。それは、「トラブルをスッキリと解決させたい」という教師側の欲望ということでした。でも、僕は、その逆を意識しているという話をしていきます。

果たしてトラブル対応にスッキリ解決なんてあるのでしょうか。僕はないと思っています。例えば「腕の毛、濃いなぁ」と女の子に言ってしまった男の子がいました。それは「ひどいことを言って、ごめんね」という男の子の謝罪だけでは、被害者の損なわれた気持ちは回復しないでしょう。※というか、その男の子が発したデリカシーのない言葉は、生涯、その女の子を傷つけ続けるかもしれません。では、ということで、その女の子が、その男の子のデリカシーのなさを取り上げて「あなたの頭の悪さがこれまで多くの人を傷つけてきたのよ」なんて言い返しても、やはり女の子はスッキリしませんね。一時的には、報復の愉悦《ゆえつ》を感じるかもしれませんが、それはやがて「自分もデリカシーのない言葉で相手を傷つけた」という事実によって帳消しになるどころか、自責の念に駆られることになるでしょう。

※「ごめん」で済む話はない
人を傷つけたり、人が大切にしているものを損なったりした場合、それを「復元する」ということは原則的に不可能であり、「ごめん」で済む話はこの世にない、とそう思っていたほうが無難である。

この話は、子どもたちにもよくする話です。「報復は解決にならないどころか、事態を悪化させる」ということです。では、どうすればいいのでしょう。僕は「裁きと赦《ゆる》し※」を意識しています。

まず、教師は事態を把握します。加害、被害児童双方から事情を聞き取ります。その上で、教師が「出来事をストーリー化」します。その上で、良くなかった点と、どうしたら良かったかを考えさせます。これが「裁き」です。ここで安易に「謝罪」に繋げないことが大切です。それは、加害児童に「スッキリさせない」ことを意図しています。モヤモヤさせ続けるのです。**決して回復し得ないことをしてしまったことを「長い時間」をかけて「反省」してもらうのです。**これは、その場で「謝罪をしてスッキリ」よりは厳しい裁きであることは明白でしょう。子どもたちには「今後の、あなたの行動で反省の度合いが見えますよ」などと伝えます。

同時に、**被害児童には「赦さなくていいよ」と伝えます。**「謝ったのにゆるしてくれない」と不平不満を言う子どもはたくさんいますが、これは「ごめんね、いいよ指

※裁きと赦し
加害者側の事情を考慮してしまうと正義は成り立たないという視点から、「まず裁き」を下し、赦しについては「そのあと」話をするべきで、裁きは本質的に公的・非個人的なもの、赦しは本質的に私的・個人的なものでなければならない。

導」が生んだ弊害です。「赦し」とはそんなに甘いものではありません。だって、加害行為は取り返しがつかないのですから。「裁き」に「長い時間」をかけるように、「赦し」にも「長い時間」をかけます。つまり、**「裁きも赦しも時間に委ねる」**のです。幸い、多くの出来事を子どもたちは、時間とともに「忘れたり」「ゆるせたり」します。しかし、それにかかる時間は、出来事によっても、子どもによっても大きく異なります。だから、「時間に委ねる」必要があります。その長さを、教師が一意的に決めてはならないのです。

教師という仕事をしていると、子どもたちを「単純化」してしまいがちです。教師が「謝れ」と言えば、子どもは心から「謝り」、教師が「赦しなさい」と言えば、子どもは心から「ゆるす」と思ってる。でも、子どもだって人間ですから、そんなにスッキリしていない。それは、教師自身の気持ちを思い浮かべれば、わかるはずなんですけれども、ついつい忘れてしまうのです。

責任が取れないからこそ「丁寧に」接する、「いいひと」を演じる

「赦し」には長い時間がかかるという話をしました。これは、「責任を取ることは不可能である※」ということからきています。教育という営みは、子どもたちの発育に多大なる影響を与えます。ということは、教師の介入によって、子どもたちが「よりよく成長」することもあれば、子どもたちに「消えない傷」を与えることもまたあるということです。しかし、**教師はその「消えない傷」を与えてしまった責任を取ることはできません。**

よく「死ぬこと以外はかすり傷」なんていう人がいますが、これは強者ベースで考えられた考えだと感じます。それは、「私は、そうやって生きてきた」という信仰告白なのでしょうが、それを弱者である子どもたちに適用してしまうことは自制してほしいものです。教育は「弱者ベース※」で考えられるべきです。右も左もわからない子どもたちに、教育を施すことの意味を考えれば、これは自明なことです。

※責任を取ることは不可能
どのようなことであれ、一度起きてしまったことを原状に戻すことはできないことから、原理的に「責任を取る」ことはできない。

しかし、そういう前提で教育活動を捉えてしまうと、教師は子どもへの教育的介入に及び腰になってしまいます。だって、自分の介入が不意に子どもたちを傷つける可能性を考慮に入れないわけにはいかなくなってしまうからです。でも、僕はそれくらいが、実はちょうどいいのではないかと、そう考えています。**責任が取れない状況であるならば、人は「丁寧に」なるはずです。**それは、まるで、ガラス細工を触るような感覚です。落として割れてしまっては、もう元通りにならない。そんな感覚だけでは、何もできませんが、その感覚がなさすぎても困るわけです。

例えば、教室で「怒鳴る」先生は今でもたくさんいます。しかし、その1回の「怒声」で、心に大きな傷を負った子どもはたくさんいます。そのたった1回の「怒声」で「教室が怖くなった」子どももたくさんいます。その子どもたちが「不登校」になったとして、「怒鳴り声程度でビビる子どもが悪い」なんて言えてしまう人は、教育者として不適格であると断じてもいいでしょう。自身の「教育観」に合わない子どもなんて、教室にいる資格がないということを言っているようなものですからね。

※「弱者ベース」でつくられる教育（P.19）
近代教育における「生徒」の基本形は、自分に必要なものを知らず、どこに行ってそれを求めたらいいのかわからない、教わる代償に提供するものを何も持たない「子ども」たちである、という前提で設計されているということ。そして、生徒側からは要求もできないので、基本的には教える側の「おせっかい」から教育は始まる。

ガラス細工のように丁寧に子どもと関わるような繊細さが、現代では教師に必要だという話です。昭和時代のように学校や教師が権威であった時代は終わったのです。そのような時代では、保護者のほとんどは、二言目には「先生の言うことを聞きなさい」でした。その時代だと「教師が白と言えば白」でしたので、教師は自身の「教育観」を疑う必要などありません。保護者のほとんどが、教師という職業を「信頼」していましたから。でも、それは前時代の価値観です。社会の「学校や教師を見る目」は大きく変わっています。そのことに気づかないままに、前時代的価値観で教育実践をしている教師があまりに多いのではないでしょうか。

と、あまりに辛辣《しんらつ》な論調になってきましたが、実践自体はそんなに難しいことを要求していません。では、どうすればいいのでしょうか。答えは簡単です。**「子どもに好かれればいい」**のです。

このように書くと「子どもに迎合するのか」と不審がる先生があまりに多いです。

しかし、教育の根幹が「信頼」であるのならば、やはり「子どもからの好意」は欠かせません。そして、「子どもに好かれる」ことはそんなに難しいことではないのです。教師が自分を貶《おとし》める必要も一切ありません。教師は、ただ**「いいひとを演じればいい」**のです。では、「いいひと」とはどんな人でしょうか。これは「嫌な人」を想定すれば、その逆が答えになるので簡単ですね。

僕が考える「嫌な人」は、

・すぐ怒る
・建前ばかりで語る
・エコ贔屓《ひいき》する
・他者を信頼しない
・言い方がきつい
・話を聞かない

などですかね。このリストをいくらでも長くできる人は、それだけ「いいひと」の要素も把握していますね。

先ほどから「演じる」という言葉を使っていますが、教師は役者であるという言葉は昔から言われていることですよね。教育というのは理想を追い求めることです。それは次のテーマでも語ることになりますが、教育は未来を作る営みです。そこには理想主義が多分に含まれているべきです。希望のない未来なんて辛すぎます。だからこそ、教師は率先して「理想を演じる」必要があるのです。「辛くて厳しい現実に耐える力を子どもに付けさせる」なんてことを掲げて、子どもたちに辛くあたる先生もいますが、**現実が辛くて厳しいものであればあるほど、学校は理想を語らないといけません。**子どもたちに、こんな厳しい現実を変えてもらいたいですからね。

子どもたちは正直です。「いいひと」である教師を「嫌い」にはなれないものです。ここを履き違えてしまうと、教師は、一部の権力者の子どもに迎合して、結果的に、その権力を奪われるというオチを迎えます。これを学級崩壊と呼びます。

学級崩壊とは「権力論」で学級経営を考えた産物です。つまり、権力をより持っている者が学級を支配できるという考えが根底にあるのです。その考えに立脚すれば、教師の権力がなくなった瞬間に、学級は崩壊します。教師はいかにして学級の中で権力を維持し、拡大できるかに意識が向きます。子どもたちは被支配者であり、そこに権力が流れないように苦心する。しかし、子どもたちは賢いので、そのルールを理解した途端、教師から権力を奪う機会を探るようになります。教師の矛盾を見つけ、そこを論理的に突いてきます。そうして、少しずつ教師の権威を削り取っていき、最後は「数の力」で権力を奪い取ります。このときの数は「5名」もいれば十分です。そうやって教室から退場させられた教師は数多くいることでしょう。

学級を組織するときの教師の最優先事項は「権力構造」からの脱却です。教師は、子どもたちを「支配」するのでなく「支援」するのです。子どもたちは、自分を「援《たす》けて」くれる先生が大好きです。好きな先生の言うことを「聞かない」なんてことはしないでしょう。

「学習規律」という言葉が僕は嫌いです。「規律」の言葉の由来は「工場」とか「軍隊」であることは容易に想像がつきます。「工場」と「軍隊」に求められる力はなんでしょうか。それは「上司の命令に忠実である」ことです。それは、「工場」や「軍隊」の目的が明確だからです。これらの組織には「生産能力の向上」や「敵の殲滅《せんめつ》」など、明確で具体的な目的が存在しています。明確な目的があれば、行動指針は決まっていきます。すると、構成員各個人の「主体性」は必要ありません。

一方、学校の目的は何でしょうか。教育基本法にその根拠を求めるならば「人格の完成」になるでしょう。でも、僕はこの「人格の完成」にイマイチ共感ができません。**何をもって「人格」が「完成」したと言えるのか**、不明瞭に感じます。僕自身の人格が完成しているのかもわかりません。そこで、僕はこの話をするときには、同じ教育基本法の第一章第一条※にある教育の目的に書かれている「国家及び社会の形成者」という言葉を挙げることにしています。こちらの方が、イメージが湧きやすいからです。

しかし、この「国家及び社会の形成者」という言葉だって、やはり「どういう教育をすればいいのか」はわかりにくいですよね。でも、それが教育の強みだとも感じま

※教育基本法第一章第一条（抜粋）
第一章　教育の目的及び理念（教育の目的）
第一条　教育は、人格の完成を目指し、平和で民主的な国家及び社会の形成者として必要な資質を備えた心身ともに健康な国民の育成を期して行われなければならない。

す。「○○しておけば大丈夫」のような方程式がないからこそ、我々は悩み続け葛藤し続けることができる。「このような教育実践で、子どもたちに形成者としての資質を備えさせることができるのだろうか……」というような思いを抱えながら、日々、教育をおこなっていく。そのような運動の中でしか教育の本質には迫れないのではないでしょうか。

そうであるとするならば、**我々教師ができることは、子どもたちに「毎日楽しく学校に来てもらうこと」**くらいです。もちろん、学校にはカリキュラムがある以上、やりたくない教科の勉強だってするかもしれません。しかし、**「総じて悪くない」という環境**であれば、毎日通う教室だって、そんなに悪い場所にはなり得ません。「いいひと」である先生と「総じて悪くない教室」があれば、子どもたちは勝手に成長してくれると信じているくらいに、僕は教育や子どもの発達に対しては、楽観論者です。そもそも、「○○すれば、人格は完成する」なんて言い出す人がいるなら、そっちの方が眉唾物ではないでしょうか。子どもは工場の材料ではありませんからね。

教育の「公正」※とは何なのか

ここまで述べてきたことは、なかなか共感されないことばかりです。それは、「学校教育こそが唯一子どもたちを育成させる」という、教育関係者の「思い込み」が要因でしょう。子どもが学習することを「社会化する」という言葉で表現することができるそうなのですが、子どもたちを「社会化」させる要因は、学校以外にも数多くあります。例えば、友人、地域、保護者、本、ゲーム、SNSなどですね。このような、子どもたちの「社会化」を助ける要因を「社会化エージェント」と呼ぶそうです。たしかに、自分の子ども時代を振り返ってみても、学校以外の多くの場から、様々な大切なことを教えてもらったような気がします。

こういう話を始めると、学校不要論が出てきそうですが、僕は、学校は必要だと思っています。教室でも子どもたちはよく「そんなに勉強したくない」と素直な意見を述べてくれることがありますす(このようにツッコまれる先生が良いという話もした

※教育の「公正」とは
競争するとき、個々の能力差に応じて「ハンディキャップ」をつけた方がフェアか、全員の条件を均質にするのがフェアか、客観的な基準は存在しないため、フェアとファウルの境界線を恣意的に設定する必要がある。公正(フェアネス)とは原理の問題ではなく、程度の問題である。

いので、また別のところでします)が、そんなときには「カリキュラム」の話をすることが多いです。カリキュラムの語源はラテン語の「走るコース」だそうです。「教育課程」とも呼びます。このカリキュラムこそが学校の価値だと、僕は考えています。

スマートフォンが普及し、インターネットの世界と常時接続状態だと、人は学校に通わなくても自分で学ぶことができると勘違いしている人が多いですが、実際、そのような環境に置かれている人の多くがインターネットで調べる情報は「自分の興味関心の檻の中」に限定されがちです。

ある子どもが、興味のある「音楽」のことは調べても、苦手な「社会」のことは調べないだろうし、「音楽」といっても自分の好きな歌手のことばかり調べて「クラシック音楽を鑑賞」することは、まずしないでしょう。**「何でもできる」という環境はとても不自由**であり、多くの人はその可能性を引き出せないままに終わってしまいます。もちろん、「浅く広く」よりも「狭く深く」の方が大切という考え方もあるでしょうが、「深さ」には「広さ」が必要な場合もあります。一つの穴だけを掘り続けるなんて芸当は多くの人にはできません。実際は、いろんな穴を掘っていく過程で、穴と穴が「繋がって」、そこから「深く」なるというイメージではないでしょうか。
僕は、これまで僕自身の学びを振り返ってみると、そのようなイメージです。

だから、**学校は必要です。カリキュラムによって、「浅く広く」学んでいく中で、自分で「掘り進めていける」素地を養うという意味があるのです。**でも、同時に「学校だけが、子どもたちの社会化エージェントなのではない」という視点も必要です。

これまでは、学校教育があまりに力を持ちすぎていました。だから、「不登校」に一度でもなってしまうと「人生がおしまい」と感じてしまう教師や子ども、保護者は今もたくさんいます。でも、学校は数ある「社会化エージェント」のうちの一つだと捉えれば、そこまで「不登校」も悲観的に捉える必要はなくなります。そして、そのような考えは、学校の権力を少しずつ削ぎ落としていき、学校に通うことの意義が少しずつ薄れていけば、教師も子どもも保護者ももっと「気楽」に学校教育と向き合うことができます。肩肘張らない教育ですね。

ここまでにかなり字数を割いてしまいました。でも、大事な前提だったのです。「学校は必要だけれど、唯一の教育の場ではない」。その前提をもとに、「国家及び社会の形成者」の育成について考えていきたいと思います。

学校には大きな概念があります。それは「平等」という概念です。これは公教育としては、とても大切な概念でした。金持ちも貧困者も、権力者も庶民も、みんなが平等に普通教育を受けることができるという建前は、人類の発明の中でも画期的なものであったことは言うまでもありません。一方で、この平等という概念があまりに力を持ってしまうと、それは「悪平等」という側面を見せ始めてしまうこともあります。過度な平等ですね。

僕の勤める自治体でも、10年ほど前に「1等」と書かれた「等章旗」が四つ届いたことがありました。徒競走で「順位をつけてはならない」とか「みんながゴール前で並んでゴール」というのは、都市伝説ではなかったのだと驚愕した記憶があります。

他にも、計算が得意な子も苦手な子も、「同じ問題数」を解かないといけないというのも平等主義の典型ですね。仮に20問の問題が設定されていたとして、それを「３分」で解くことができる子どももいれば、「30分」かかる子どももいます。「３分」で解ける子どもは、早めに解いて休み時間を謳歌して、「30分」かかる子どもは「休み時間なし」となる。たしかに、「問題数」は平等ですけれど、これは果たして「公正」と言えるのでしょうか。

子どもたちに能力差があることは、明白な事実ですが、ここから学校教育は「目を背けて」きたのだと思います。「同一学年の子どもは同一能力である」というのは、どう考えても間違いなのですが、学校教育の前提として、組み込まれていたのではないでしょうか。つまり、平等主義は、それが細部まで行き届くと「弱者を追い詰める」作用があるのです。

特別支援教育の世界から「合理的配慮」という言葉が出てきたことで、最近は、この悪しき平等主義もずいぶん見直されてきたように感じますが、それでも、依然として多くの先生には平等主義的価値観が残っています。それは、現在の先生たちの多くもまた「20年前の教育」を受けてきたからです。

教育の世界には「40年ギャップ」という言葉があります。これは、現在の教育を受けている子どもたちは「20年後の社会の形成者」として育てられている一方で、その教育を担う教師たちは「20年前の教育を受けていた」世代だということです。このギャップを意識しなければ、教育は常に「かなりの時代遅れ」になってしまいます。

もちろん、時代の最先端がいいわけではありません。教育は、経済やファッションの世界のように、「猫の目」のように変化するべきものではないと思います。しかし、こと「弱者ベース」となれば、その考え方は最先端の方がいいかもしれません。

20年前には「特別支援教育※」という言葉は一般的ではありませんでした。ここまでの文章だって、20年前の現場では到底受け入れ難いようなものばかりだったことは想像に難くありませんし、20年後には「普通のことだよね」となっていることを願うばかりです。僕は、平等主義が蔓延《はびこ》る学校教育に、少しでも「公正」な風を送り込みたいと考えています。学校はこの「公正」という考えに対して、あまりに無頓着が過ぎていたのです。

※特別支援教育
「特別支援教育」は、2007年4月より実施されている。それ以前は「特殊教育」と呼ばれていた。

公正だって平等だって「弱者ベース」の考え方です。でも、大事な点として、それらは**「原理」ではなくて「程度」の話**なのです。平等だって「弱者」を救いますが、それが過度になれば「弱者」を追い詰めます。公正だって、「完璧なる公正」なんて実現不可能ですが、「ある程度」の公正さは実現可能です。そして「ある程度」の公正さを実現させるのは、教室においては教師の役割です。そして、そのような**「ある程度」の公正な教室で育った子どもたちには、「ある程度」の公正さが身についているはずです。**公正な教育の果実として公正な市民が生まれる。その市民が、公正な社会の形成者になる。その社会で我々は生きていく。

公正さは「空気感」みたいなものです。繰り返しますが、公正とは「原理原則」ではなくて「程度」の話なのです。「こういう場合は、こういう感じでいけば公正であろう」という話なのです。だから、その空気感を察知できる人間が１人でも多い方がいい。そして、それを面倒くさいと感じる人たちが「原理原則」を唱え出すのです。すると「平等」が「悪平等」に変容して、弱者を追い詰める。この話、そのまま転用できてしまう教室がたくさんあります。

「立ち歩いてはいけません」

「手を上げずに話してはいけません」

「黒板に書いてあること以外をノートに書いてはいけません」

「背筋をピンとしないといけません」

こういう規律だって、はじめは「集中できない子どものために」という「弱者ベース」であったはずなのに、いつのまにか「弱者を追い詰める」道具に代わってしまっているのです。


僕が生きる20年後の社会は、平等が大手を振るような社会ではなくて、**公正とはなんだろうと社会の成員の一人一人が悩み続けるような社会**がいいなと思っているので、少なくとも、僕の教室では「公正」について考え続けたいと思っています。

教師が道徳的であることよりも大切なこと

「人をいじめてはいけません」

この言葉があまりに空疎に感じてしまうのは、それがあまりに「道徳的」だからですね。この言葉の教育的価値はゼロです。こんな言葉を何百回唱えたところで、子どもたちには何も響きません。繰り返しますが、それは、この言葉があまりに「道徳的」だからです。では、どういう言葉なら、教育的価値が生まれるのでしょうか。それは「生身の身体」からの言葉ではないか、という話をこれからします。

教師はついつい「本音と建前」を分けて使ってしまいます。いや、人間なら誰しも「本音と建前」は使い分けるのですが、どうも教師は「建前」の割合が多くなりがちではないでしょうか。もちろん、すべてをさらけだして本音で語るなんてことをする必要はまったくありません。そんなことをしてしまっては、逆に子どもたちに悪影響です。でも、「建前」ばかりだと、子どもたちもだんだん辟易してくるのではないでしょうか。

「廊下を走ってはいけません」というのも、安全上の意味があることは重々承知していますが、それでも「急いでいたら走ってしまう」というのは、教師だってあるはずです。実際、走っている教師と廊下でぶつかったことは、僕だって何度もあります。そんなときも「あぁ、急用なのかな」と思うことはあっても、「廊下を走ってはいけません！」と、その先生を注意することはありません。

子どもたちだって、急いでいるから走っているのですよね。たった10分しかない休み時間なのに、2分も授業を延長されて、残り8分しか遊べないなら、運動場まで走ってしまう子どもを注意する気にはなれません。だからといって、数百人の子どもに、廊下を走り回られても危険すぎる。そこで、自分のクラスの子どもたちには「さっき、廊下で走っている子どもとぶつかりそうになってさぁ、とても怖い思いをしたんだよね。雨の日に傘を振り回している子どももいるし、そういう子どもと廊下の角でぶつかったら、大怪我をしてしまうかもしれないよねぇ……」と話します。これは「建前」とは違いますね。僕の心からの「本音」です。

僕は、自分が語る言葉における「本音」の割合を少しでも増やすように意識しています。そうしないと、子どもたちに僕の言葉が届かないのではないかと、そう考えています。もちろん、子どもたちに対して「建前」を話すこともたくさんありますが、**「本音の割合が高い教師」と「建前の割合が高い教師」では、その「建前の話」の教育的効果にも有意な差が生まれるはずです。**

冒頭のいじめの話をしましょう。いじめが発生した場合は、加害児童からも事情を聞き取ることになります。そのときに教師が警察のように「事情聴取」的に対応してしまっては、加害児童も「本音」を語ってはくれません。「いじめは悪である」という言説自体は、子どもたちだってずっと小さい頃より各所で聞かされ続けてきたはずです。それこそ耳にタコができるくらいには。だからこそ、聞き取り方を工夫しないといけません。「どうしていじめてしまったんだ」と聞かれても、加害児童の多くは身体を強ばらせます。一方で、「何か嫌なことでもあった？」と聞くと、割と本音を語ってくれます。加害児童の多くの本音は「自分だって被害者」であるということが多いです。つまり、いじめてしまった「原因」がある。注意してほしいのは、「だから、被害者も悪い」ではないということです。**「いじめはいけない」。しかし、加害児童に「本音」で語ってもらうためには工夫がいる。**そういう話です。

「建前」としての「いじめはいけない」を前面に押し出されても解決は遠のくばかりです。子どもたちだって「建前」で対抗してくるはずです。一方、子どもたちが「本音」を語り出したら、解決の糸口くらいはつかめそうです。「あなたの嫌なことはよくわかった。でも、そのためにしてしまった行動は間違っていたのではないかな」。こんな語りだけで解決することはありません。引き続き、粘り強い指導が必要なことは言うまでもありません。しかし、「解決する土台」くらいは作れるのではないでしょうか。そのような土台さえ築けないようなケースは山のようにあります。

教師という職業は教室における「行政と司法と立法の三権を司る」存在です。これは中世の王様のような存在です。そういう意味で学級王国という言葉は間違いではありません。だからこそ、教師はその存在がすでに内包している権威性については常に自覚的でないといけないのです。特に、司法という立場でトラブルの仲裁をする場合、その「正義の執行」については、特に慎重さが求められます。

双方が納得という状態は非常に難しいことは承知しています。しかし、なるべくそこに近づけるための努力を惜しんではいけません。僕の息子の話になりますが、息子が保育園に通っていた頃、大変口が悪い同級生がいたそうです。息子は、その彼からひどい罵倒を受けたそうです。暴力はいけないとわかっていた息子はグッと堪えていたそうですが、あまりに罵倒が続いた結果、我慢の限界がきて、息子が彼を押し倒してしまったそうです。その瞬間に、保育士さんに息子は怒られたそうです。「暴力はいけません」と。保育士さんの注意は最もです。しかし、文脈としてその指導は正しかったのでしょうか。「建前の指導」というのは、文脈を無視しがちです。「盗人にも三分の理」ではありませんが、加害児童の「三分」の部分に共感した上で、教師は「正義の執行」をしなければなりません。いや、被害児童は、自分の加害行為を教師に申告しないケースがほとんどであることを考慮すれば、「三分」では足りないかもしれません。

教師は、正義の槍で突き刺された子どもの痛みに思いを馳せるということが必要なのではないでしょうか。さらに付け加えると、そのように「注意ばかりされる子ども」はだいたい「同じ」であり、その子は幼少期よりずっと権力者による「正義の指導」や「正義の執行」を受けてきたことを考慮すれば、「正義の行使」にも少し遠慮が入るはずです。槍でズタズタになっている傷口にさらに槍を突き刺すのは、生身の感覚からすると「痛い」ですよね。この感覚も忘れてはならないと感じます。

なぜ制服はあるのか

「制服はどうして存在しているのだろうか」

こんなことを考えたことはないでしょうか。学校の歴史という視点で考えれば、答えがあるのでしょうが、ここで制服史に寄り道をするつもりはありません。まあ、普通に考えれば、「衣服を揃える」という起源は「戦闘集団」なのでしょう。その目的は「敵味方の区別」というのがすぐに浮かんできそうです。

「他の集団との区別」という視点で考えれば、たしかに、学生服は「学生である」ということを一目見てわかりやすく象徴していますし、スーツであれば「サラリーマンである」ことがすぐに伝わります。でも、「区別以外」にも制服には効用があるのではないか、というのが今回のお話です。

『東京卍リベンジャーズ』（和久井健著、２０１７年～２０２３年）という漫画が人気ですが、これには「暴走族」が登場します。暴走族にも「制服」があるのですが、ご存知でしょうか。そうです、「とっぷく（特攻服）」ですね。あれには「他の集団との区別」以上の効果がありそうです。それは「モチベーションの向上」です。他の暴走族との

「抗争」といった、一大事には、彼らは必ず制服である「とっぷく」を着用します。もちろん、この制服には「区別」という側面もあるのですが(抗争が始まれば敵味方入り乱れるので)、それ以上に「パフォーマンスの向上」などの効果もあるはずです。それは「個人」ではなく「集団」で生きることが宿命づけられた人間の特性とも言えそうです。

人類史を紐解けば、ホモ・サピエンスという存在は取るに足りない存在であり、長いこと弱肉強食の自然界では「弱者」であったとされています。人類が発明した石器というのも、猛獣が食らったあとの残りである屍肉《しにく》の脊髄を食すために都合が良かったなどの話は象徴的です。「個人」であれば「弱者」であった人類が、「集団」を作ることで「強者」へとなっていったのです。人類は集団で狩りをすることで「大型の動物」をどんどん仕留めていき、その多くを絶滅させていったのです。

人類は「集団を作るとパフォーマンスが向上する」という特性がある。そこから「制服」の意味を捉え直してみたいのです。つまり、制服の原点は「個人のパフォーマンスの向上」なのではないかということです。

しかし、現代の学校の「制服」にそのような効果があるかというと、どうにもそうは感じることができません。

「スカート丈は膝下10センチメートル」

「華美な髪飾りはつけない」

「靴下の色は白だけ」

これらは今も実際に運用されている制服に関する校則なのですが、それらが意味するところに「集団のパフォーマンスを向上させる」という意図を感じることができません。これらは「子どもたちの管理」がその主目的であり、管理のために「逸脱行為の禁止」をしているだけです。そしてこれは残念な結果なのですが、「逸脱行為の禁止」は「個人のパフォーマンス」を下げることはあっても、向上させることは無いのです。

このようなことは制服以外にも見ることができます。「ルール」がその典型です。

ルールというのは、集団に「制限」を設けることで、それぞれのパフォーマンスを向上させるというのが目的です。制服と似ていますね。

人間というのは「自由」な生き物だと言われています。他の動物たちには「本能」があり、本能によってその行動はある程度決められていると言われていますが、人間は違います。人間は大脳新皮質が発達しており、本能を抑えて、自由に行動することができます。しかし、自由とは往々にして不自由です。自由すぎて何をしたらいいかわからないときに、多くの人間はその行動が抑制されてしまいます。例えば、予定のない休日に、一日中YouTubeやTikTokを見て過ごして後悔してしまったことはありませんか。僕はしょっちゅうあります。

だから、学校に「ゲーム」や「スマートフォン」などを持ってきてはいけないという校則は理にかなっているのです。**人間はそのような制限がなければ、「快感」に任せて「不自由な行動」ばかりを選択してしまいます。**「好きなことをして過ごしたい」という言明は、子どもたちからもよく聞かれますが、その内実は「一日中ゲームをしたい」という「僅かな選択肢」から選ばれた「不自由な選択」なのです。先ほど、

「快感」という言葉を用いたのは、「ゲーム」が脳内の「報酬系」と呼ばれる「快感」の部分に作用するようなつくりになっているからです。怖いですね。だから、ゲームはやめどきがわからなくなってしまうのです。

制限によって、学校は、子どもたちに「その価値がよくわからない学習」に向かわせることができるのです。強調したいのは「学習」が「つまらない」ということではありません。「学習」とは「学んでみるまでその有用性がわからないもの」なのです。**「まずは学んでみる」ということをしないと、その価値には絶対に気づけない。**このあたりは、即座に「快感」がやってくるゲームなどとは違うのです。

では、小学校の校則によくある「学習に関係のないものを持ってこない」というのは、子どもたちの「学びのパフォーマンスの向上」に役立っていると言えるのでしょうか。「制限」という面ではいいのかもしれません。しかし、それが「管理」という「逸脱行為の禁止」に主眼が置かれ出すと、それは子どもと教師の双方の「個人のパフォーマンス」を下げてしまうかもしれません。

そもそも「学習に関係のないもの」という定義が曖昧です。ゲームやスマートフォンはダメなことがわかりますが、「ロケット鉛筆」や「キャラクターデザインが入った消しゴム」や「けしカスを掃除する道具(ホウキのついた車のようなもの)」はどうでしょうか。このあたりは、教師によって判断が分かれそうです。僕だったら、いずれも許可してしまいそうです。なぜなら、それらは子どもたちの学習のパフォーマンスを下げるとは思えないからです。

ちなみに、それらの道具で子どもたちが「遊んでしまう」ことを想定されている方への反論ですが、子どもは遊ぼうと思えば「学習に適した鉛筆」と「学習に適した消しゴム」と「学習に適した定規」でだって遊ぶことはできます。

道具について「管理」したいのであれば、「メーカー」や「材質」を指定したり、学校側でそれらの学習用具を準備すればいいのです。まあ、してみればわかりますが、「管理」には多大なる「コスト」がかかるので、教師の限られた知的リソースをそんなことの「管理」に使うのはもったいないというのが僕の結論なのです。

ルールがあれば安心？

ルール制定が好きな教師が多いと感じます。しかし、ルールとはそんなに完璧なものなのかと、僕は疑問に思っています。昔、「ルールは破るためにあるんだよ」と言い放った友人がいましたが、そこまで破茶滅茶ではないにしても、ルールには人を縛る効果は薄いのではないかと感じています。

「では、ルールなんて必要ないのではないか」とか、「でも、そうすると無法地帯になるのではないか」とか、そのように不安になってしまった皆さんへの一つの答えとして僕が提供できるのは、「ルールよりもモラル向上の方が教育的」という視点です。

ルールには、「ルール内」と「ルール外」を規定するという側面があります。これは「ルール以外は合法になる」ということです。だって、ルールに規定されていないのだから、縛ることができません。いわゆる「グレーゾーン」という部分です。そのグレーゾーンを違法にしたら、また新しいグレーゾーンが生まれる。いたちごっこというやつです。

例えば、「ロケット鉛筆」を禁止したとしましょう。では、「ドラゴンクエストのバトル鉛筆」はどうでしょうか。これは、この時点では合法になります。だって、禁止されているのは「ロケット鉛筆」だけなのですから。では、「ドラゴンクエストのバトル鉛筆」も禁止にしましょう。すると、「先にキーホルダーのようなものがついた鉛筆」はどうなるのでしょうか。これは特に女の子を中心に人気の文具ですが、書くときにジャラジャラと音が鳴ることを嫌う先生も数多くいます。もう、こうなってくると「ルールの解釈」の話になってきます。まったく本質的ではなくて疲れてきてしまいますね。

このように、ルールには常に「抜け穴」が存在しています。これは法律でも同じですね。「合法ドラッグ」が流行していたときに聞いた話ですが、ドラッグとは同じような効用があっても「化学式」が異なっていれば規制の対象からは外れてしまうのだそうです。しかし、すべての「化学式」を規制することはできない結果、規制は後手後手に回り「モグラ叩き状態」になってしまうのです。これは三権分立の三権でいうと「立法」の部分です。少なくとも、教育という行為が行われる教室においては「立法」の力は弱い方がいいのかもしれません。こう書くと「無法状態」をイメージするかもしれませんが、それは間違いです。

そこで、モラル向上という視点です。例えば「周りの迷惑にならないようにする」というのはルールにはできません。何をもって「迷惑」であるかを線引きできないからです。

教室の過ごし方で考えてみましょう。ある子は「静かに本を読みたい」とします。別のある子は「友達とおしゃべりをしたい」とします。さて、この双方が納得できる、つまり双方が「迷惑ではない点」とはどこでしょうか。

「静かに本を読みたい子」からすれば「無音」が理想的ですね。僕もそうなのですが、読書をするときに周りの話し声というのは、かなりのノイズになってしまい、読書に集中できません。一方、「友達とおしゃべりをしたい子」からすれば、相手方の「無音」という要求はのめません。「ヒソヒソ話」だってかなり受けにくい要求です。もちろん、大声では話さないけれど、せめて「普通の声」では話したいと感じるでしょう。

「大声で話す自由」と「静かに本を読む自由」は併存しないということです。では、どうすればいいのでしょうか。ここで、グレーゾーンが登場します。「相手に聞こえる声で話す」と「多少ざわついていても許容して読書する」というグレーゾーンです。しかし、この双方の折衷案は「ルール化」できないのです。教室にいる人数や教室環境にも左右されます。工事現場にあるような「デシベル」で音を計測表示してくれる「騒音計」でもあれば話は別ですが。だから、結局、子どもたちに「気遣い」という名の「モラル」という意識を涵養《かんよう》してもらわないといけない。「読書側」は「多少の話し声についていては我慢」してもらうことが必要だし、「おしゃべり側」には「声の大きさ」について「気を遣ってもらう」ことが必要です。

でも、これはそんなに難しいことではないのです。大人の社会では、みな当然にしていることですね。これを「マナー」と呼んだりもします。電車の中では、大きな声を出さないようにしている方がほとんどですし、読書をしたいときには「静かなカフェ」や「静かな図書館」という場所を選びます。工事現場の横でわざわざ読書をして、「ちょっと、騒音がうるさいですよ！」なんて言う人はいません。でも、電車の中で赤ちゃんが泣いてしまっても、それは「マナー違反」ではないですよね。赤ちゃんは泣くことを自分で抑えることができませんし、赤ちゃん連れは公共交通機関を利用してはいけないなんて悲しすぎます。そのように、大人の世界ではルールよりも、むしろ「モラル」とか「マナー」といった「曖昧な線引き」の中で「共生」しているのです。

もちろん、そこは理想郷ではありません。人によって「モラル」とか「マナー」は「曖昧」なものなので、衝突も度々あります。でも、異なる人間が「不快にならない」点を見つけて考えて行動するという「規範」は、世界の中でも特に日本は優れていると、僕は信じていたい。子どもたちにも、「ルールで行動を制限する」ではなくて、「お互いの存在を想定するモラルの涵養」を願いたいのです。

ルールは制定しておしまいという類のものではなくて、常に考え続けるような類のものです。教育哲学者である苫野一徳氏の言葉を借りれば、**「自由と自由の相互承認の感度を高める」**です。そうすることを通してでしか「感度」なんてものは高まりません。鍛え続けることでしか、「感度」なるものは養われないのです。しかし、逆に言えば、そういう環境を設定すれば、自ずと感度は高まるはずなのです。そういう教室には、「ルール」は必要最低限のことだけで良くなります。

私たちが育てたい「社会の形成者」としての市民に必要な素地は、「ルールに従順な人間」ではなくて「自由とは何か」について考え続ける力能なのではないでしょうか。

子どもたちは従順なので、教師側の「管理」に対しては、多くの場面で「従って」くれます。しかし、だからこそ、教師側としては「管理」の側面をなるべく排除していき、**子どもたちの内面の「モラルの涵養」に意識を向けたいなと考えています。**もちろん、それは「ルールを規定して管理運用する」よりも何倍も難しいことです。しかし、そこから目を背けて「ルールさえ守ればいい」という「モラル」を日本人の多くが採用していった結果、「集団の中で生きるということの困難さと強み」を忘れて、「個人の自由を尊重」し、「気に入らない集団構成員を排除する」という、自然界の弱肉強食を受け入れていることで、そのツケが社会的な弱者に集中するという社会問題とも通底しているのではないかと、そのように僕は考えてしまうのです。

「弱者への配慮」が集団を存続させる

教育は「弱者ベース」で考えられないといけない、と先に述べましたが、これは教育だけの話ではないのです。「集団の存続※」という視点で見ても必須なのです。

「不適格教員」という言葉がメディアを賑わしていた頃の、ある人の言葉がとても印象に残っています。それは**「不適格教員である1000人を切り捨てたら、**

※集団の存続
「集団の存続」のためには、「誰も見捨てない」ということと、「どうやって集団全体の生命力を高めるか」を考えることが必要である。「なぜルールがあるのか？」を問わない人間がルールを管轄し、違反者を罰するということをしていると、集団の「生き延びる力」は必ず弱まってしまう。

1001番目はあなたである」という言葉です。

たしかに「不適格教員」と認定されてもおかしくないような教師は現場にいるかもしれません。最近では、給食に塩素を入れた教師がメディアを賑わしていました。しかし、そのような「不適格教員」も含めて我々は教育をしていかないといけないのではないかと、最近はそう考えています。だって、教師を志望する学生はどんどん減ってきているのです。そうなれば、現場は「教師不足」になってしまいます。すると、一人一人の先生が「2人分、3人分」と働かないといけなくなります。子どもたちを切り捨てるわけにはいきませんからね。

さらに言えば、何をもって不適格なのかという基準も難しいです。犯罪行為は市民としてアウトでしょうが、「指導力・授業力がない」はどうでしょうか。「怒鳴る」はどうでしょうか。「計画性がない」はどうですか。いずれも、**判断が個人の価値観に委ねられてしまいそうです。**ある基準を作って、それをもとに不適格教員を切っていけば、先ほどのように「1001番目はあなた」になっているかもしれません。

給食に塩素を入れてしまうことは犯罪行為ですが、その教師がどうして塩素を入れてしまったのかについては、丁寧な聞き取りが必要ではないでしょうか。塩素を入れる教員は滅多にいませんが、病気休職を取得する教員の数は年々増えています。人間は、心が疲れ切ってしまうと、どんな行動に出るかわからないからです。病気休職をした僕の友人は、休職をする直前、学校までは行けても校門の中にはどうしても入れず、学校の周りを数時間も歩き続けていたそうです。

学級王国という言葉が示す通り、王国の外側からは王国の内部は見えないものです。だから、悩み事があっても打ち明けにくいし、共感もしてもらいにくい。もらったアドバイスが全然的外れであることもしょっちゅうです。しかし、集団内の弱者への配慮ができないような教師集団が、その学校の中にある教室において「弱者ベース」の教育を営んでいくことなどできるのでしょうか。

僕は3児の父です。末っ子はまだ3歳なので、よく体調を崩します。共働きなので、妻と交互に休むことができますが、それでも、年間に休む回数は他の教員よりも多くなりがちです。そんな日に、休むことを管理職に電話すると「1日の綿密な指導計画を用意して」と言われることがあります。学級王国だから、代わりの先生が指導に困るという事情はよくわかりますし、休むことがあらかじめわかっていたら、用意はしていくのですが、子どもの発熱は大抵夜中ですから、あらかじめ準備ができないことがほとんどです。そんなときに管理職から「教室はまかせておいて！ 適当にやっておくから！」と言われれば、どんなに気が楽かといつも感じてしまいます。そういう意味で、僕は弱者でもあるのです。「子育てとの両立が厳しい」という理由で、現場を離れる女性の先生は今も数多くいます。「あと数年の辛抱」と、数年前から我慢をし続けていますが、やはり、なかなか大変なものです。

教室という環境をデザインする主宰者

教室という場を主宰しているのは、間違いなく教師です。そして、場を主宰する※

※**場を主宰する**
すぐれたプロデューサーとは、誰も気づかない「床のゴミ」に最初に気がつく。例えば、「ゴミだらけの部屋」と「きれいに掃除された部屋」では、コミュニケーションの滑らかさが違う。それができる人間しか「場を主宰する」ことは絶対にできない。

ということは、その場の細部にまで意識が及んでいるかということでもあります。

例えば、教室の隅に埃《ほこり》がたまっていないでしょうか。学級文庫に読まれていない古びた本はないでしょうか。使われていない棚に、使われていない物が仕舞い込まれていないでしょうか。空気は清潔でしょうか。空間として広く使えているでしょうか。

教室は割と埃だらけです。それは、子どもたちが外から運んでくる砂埃だったり、チョークの粉だったりと様々ですが、30人を超える子どもたちが1日使えば、それはたくさんのゴミが生まれても不思議ではありません。もちろん、清掃活動は毎日しているでしょうが、その多くは四角い部屋を丸く掃除するような内容なのでしょう。実際、多くの教室にお邪魔すると、僕は教室の隅の埃に目が行ってしまいます。

僕は清掃活動の時間、どの子どもよりも一生懸命に掃除をしています。それは、自分が主宰している空間が汚れたままの状態であることが気に食わないからです。それは多分に僕の性格が起因しているのですが、それ以外にも理由があります。

例えば、あなたは埃っぽい教室と清潔な教室のどちらがいいですか。もちろん、それは清潔な教室でしょうが、それはどうしてでしょうか。埃っぽい部屋では、我々は口を覆いますよね。大きな声なんて出そうとするものなら、息を吸い込まないといけないわけですが、あまり息を吸い込んだら埃が身体に入ってきそうです。そこまで考える子どもは少ないかもしれません。子どもはそれでいいのです。子どもは慣れる生き物ですからね。でも、教師がそんな空間に慣れてしまってはいけません。**教師は教室を主宰している立場**なのですから。

教室に棚がたくさんありませんか。その中身は本当に必要な物だけでしょうか。教師は物持ちが良い方がたくさんいらっしゃいます。数年前に一度だけ使った教材を今でも大事に持っている方もいるでしょう。子どもからもらった手紙などをすべて大切に保管している先生もいます。思い出を捨てろとは言いませんが、それはご自宅へ持って帰っていただいて、教室内はなるべく整理整頓してもらいたいものです。その思い出を入れておく棚がなくなるだけで、教室は少し広くなるのです。すると、子どもたちの身体も少し大きく動かせます。これは、教室で運動をするという意味ではありません。**狭い空間と広い空間では、その学習内容にも有意に差が出るのではないか**と、僕は考えます。もちろん、そんなことを子どもは気にしないかもしれません。子どもは単純ですからね。でも、教師は違います。教室という環境の細部にまで気を遣ってもらいたいものです。

教室に掲示物はたくさんありませんか。掲示物の教育的効果については詳しくありませんが、その心理的効果についての実感としては「圧迫感」として日々感じています。僕の教室を覗く子どもたちのほとんどが、「この教室広い！」という感想を述べます。それは、余分な棚や机がないこともあるのですが、何より掲示物がほとんどないということに起因しています。掲示物には圧迫感があります。**所狭しと掲示された掲示物は、教室を狭くします。**芸術家のアトリエを思い出してみると、天井が高く設計されていますよね。大学の芸術棟も屋根が高く設計されていました。おそらく、創造的な活動をするときというのは、天井などの空間を広くする方がいいという、経験則なのでしょう。そういう風に考えて教室をデザインすることができるのは教師だけではないでしょうか。

朝、教室に入ったら必ず窓を開けます。空気の入れ替えですね。空気なんてまったく見えませんし、冬場は寒いだけかもしれません。でも、そうすることに教育的効果があると信じることで生まれる教育的効果は、信じるものにしか感じられないのかもしれません。

子どもの「〇〇できるよ！」の場面を増やす

個人的な話をします。

小学校教員は、年度末に来年度の人事についての希望を聞かれることが多いです。

一般企業だと、いきなり内示が出されて転勤ということもあると聞いたことがあるので、そういう意味では、人事についての希望を聞いてもらえるだけ学校現場は良心的だと感じます。

僕はこれまで学級担任として受け持った学年には偏りがあり、高学年と3年生は複数回経験がある一方で、低学年と4年生は経験がありません。学級担任以外も経験があり、理科や算数を専門に複数学年に教えたことや、特別支援学級の担任も経験をしたことがありますが、教務主任を経験したことはありません。

12月現在、来年度の僕自身の人事について考える時間が増えてきました。もちろん、校内の組織体制によっては、管理職から特定の人事案を打診されることもあるでしょう。実際、今年度の人事も打診された結果、4回目の3年生を引き受けることにしました。学級担任を続ける上では「全学年を経験したことがある」という称号(?)には憧れます。1年生から6年生までがある小学校において、全学年で学級担任をしたことがあるというのは「経験豊富」だと感じますよね。しかし、そこで内田樹先生のお言葉を思い出してしまいます。

「当為《とうい》と願望※で語る人は子どもであり、可能で語る人は大人である」

自分の適性は自分が一番把握していると誰もが思っています。しかし、自分で自分を見る目というのは意外にいい加減なもので、周りの人間の方が、僕の力量を把握しているということはよくあります。さらに、仕事というのは「絶対的」ではなくて、周りとの関係性による「相対的」なものだとも感じます。つまり、仕事自体がどうのこうのではなくて、「誰と」、「どんな」仕事をするのかによって内容は左右されるのではないかということです。そう考えると、僕自身の願望よりも、つまり、個人的な視点よりも、鳥瞰《ちょうかん》的視座から捉えているであろう管理職からの打診を素直に受けた方が良いのかもしれません。

内田樹先生は先ほどの言葉への補足として、「願望」は自己完結できる一方、「可

※当為と願望
当為＝「自分がやらねばならぬこと」、願望＝「自分がしたいこと」は、動作の目的が自分自身であるため自己決定できる。一方、可能＝「自分にできること」は、他人の同意や承認抜きでは決定できず、隣人の求めがあるときにしか意味をなさない。

能」は「他者からの懇請《こんせい》（熱心におり入って頼むこと）への応答である」とおっしゃっていました。人事に関して、希望を聞かれるという状況に慣れすぎていて、「願望を伝える」ことが当然になっていた僕は、他者からの懇請に応えるという、「可能の文脈で考える」という視点が欠けていたなと考えています。

そして前段の内田樹先生の言葉を教育や子育てに適用するならば、子どもたちが、いかに「願望の言葉」から「可能の言葉」で語れるようになる場面を設定するかという視点も生まれてきます。もちろん、教室の子どもたちは「子ども」なので「願望の言葉」でも構わないのですが、人間はある日、突然「大人」に変容するというようなことはなくて、少しずつ大人へと変容していくのであれば、やはり、子どもたちが「可能の言葉」を発する機会を設定することは、子どもたちの発育に寄与すると思うのです。

「可能の言葉」が「他者からの懇請への応答」だとしたら、それに続く言葉として

は「ありがとう」だと思います。例えば、

「病院という漢字を誰か教えて」

「僕が教えてあげるね」

「ありがとう」

ですね。「人は一人では生きていけない」という言葉はずいぶんと使い古された言葉ですが、やはりそれは真理だから使い古されているわけで、我々は他者からの「ありがとう」から、エネルギーというか、生きる活力をもらうことが多いのです。つまり、教室内の「ありがとう」を増やすためには、教室内に**「可能の言葉」で語る子どもを増やす**必要があり、そのためには教師側からの積極的な**「困ったことを素直に言える環境づくり」**が必要なのです。


「自分の力でやりましょう」という言葉は教室ではお馴染みですが、僕はこれが苦手です。もちろん、自分の課題をすぐに放り出して誰かを頼るという姿をよく思わない気持ちはわかるのですが、しかし、それは個人の能力と相関するのではないでしょうか。つまり、子どもたちは「できることは、自分でする」のです。トイレで用を足せば、自分で手を洗うでしょう。でも、自分の力で漢字を書くことはできない。

粘れば思い出すこともあるかもしれないけれど、「粘る」ことが難しい子どもだっています。このような子どもを「怠惰」であると感じる教師は多いですが、実は**「粘る」も、子どもにとっては「開発が必要な能力」なのです。**そして、その開発は「自分の力でやりましょう」と「放置される不安感」よりも、**「困ったら、いつでも聞きに来ていいよ」という「心理的な安心感」の土台で開発される**と感じます。

そして、教室に先生が1人しかいないよりも、教室に先生がたくさんいる方が、その安心感は増します。「先生にしか質問ができない」よりも「周りの友だちにも聞いていい」という状態ですね。

そもそも、我々大人だって困ったら周りの人を頼ります。頼ることができる場所が、教育委員会や企業のヘルプデスクだけだったら辛すぎます。つまり、社会で生きていくという視点で考えても「困ったら周りを頼る」という能力は必要なのです。

さらに、ここから授業論へ展開すると、授業で一般的な一斉指導という形式も見直しが必要なことがわかります。一斉指導では、どうしても授業を先導する教師が中心であり、授業中にわからないことがあっても、授業を一時中断して、誰かに質問することはかなり勇気がいるハードルの高い行為です。そうであるならば、授業の形式も一斉指導の配分を減らしていく方がいいのかもしれません。これを僕は「子どもたちへ時間を返す」と表現しています。授業時間である45分間は、もともとは子どもたちの学びの時間であるのならば、その45分をまるまる先生が自由に使える時間にしてしまっては、子どもたちが可哀想です。講義形式から学べることがあることは了解するのですが、友だちに聞いたり、教科書を読んだりして、自分で学んでいくような学びの時間の確保も必要なことは、僕以外の多くの教師も言っている通りです。

「願望の言葉」のように自己完結する部分だけでなく、他者との関わりの中で生まれる「可能の言葉」の配分を増やしていきたいなという話でした。

第２章

教育を疑ってみる

生活指導の鉄則は「身体に悪いかどうか」

生活指導という言葉が小学校にはあり、中学校では生徒指導と呼びます。もっと一般的な言葉に変えるならば「しつけ」ですかね。僕は学習指導と比べて、この生活指導に対してはよくモヤモヤしてしまうので、今回はそういう話をしたいと思います。

そもそも、生活指導のかなりの部分は「教師個人の常識」ではないだろうかと感じます。ここで「常識」という言葉を選んだのは、このアインシュタインの言葉を引用したいからです。

「常識とは18歳までに身につけた偏見のコレクションである」

常識という言葉はフワフワしています。一意的に定義できるような言葉ではありません。「そんなこと、常識だろう」と言われれば、「ほうほう、それが常識なのですね」と返事するしかない。もしくは、その常識に納得できなければ、「それのどこが常識なんだよ」と突っぱねる、ですね。この場合、その後は口論になることが必至ですが。常識とは、そのような限定性があることを承知していれば、先ほどのアインシュタインの言葉も納得できると思います。

一方、「教育界の常識」の多くは、先輩から後輩に伝達されるものです。常識がいくら個人的な偏見であっても、それは常識として先輩から後輩へ伝達されていくのです。

例えば、「授業中にお茶を飲んではいけない」という常識はよく知られています。僕はこの常識が疑問で疑問で仕方がなかったので、僕の学級の常識には組み込みませんでした。水分補給は、夏場では命にかかわる問題ですからね。子どもがお茶を飲んだところで、授業内容に影響はありませんし、むしろ「喉が乾いたー」と子どもたちが授業に集中できない方が気になります。

休み時間にしっかりと飲んでおけばいいという教師側の正論もあるかもしれませんが、子どもたちだって10分しかない休み時間を一生懸命に遊んでいるわけで、ついつい水分補給を忘れてしまうこともあるでしょう。子どもですし。

さらに言えば、僕だって、授業中にしゃべっていたら喉が渇きます。仮に子どもたちに水分補給を禁止していたとして、その場合、教師である僕だって水分補給が禁止なのは当然ですよね。まさか、子どもたちが喉を渇かしている中で、先生である僕だけがゴクゴクとお茶を飲むわけにはいきません。そんな教室は、僕だって辛いです。身体に悪いです。ということで、**規則を学級の常識に組み込む基準は「身体に悪いかどうか」※で決めたらいいのではないでしょうか。**

水分補給に関連して、「授業中にトイレへ行く」という行為も考えてみましょう。もちろん、尿意や便意を我慢するのは身体に悪いですよね。そんなの行きたいときに行けばいいものです。しかし、その場合、「先生の許可」を得なくてはいけないという常識を掲げている学級は多いです。もちろん、許可をしない先生はあまりいな

※どちらが「身体に悪いか」
本当に困っている人がいたら、生き物としての自然な感情の発露として身体は自然と動く。しかし、例えば、電車内でのマナーを守っていない人を見つけたら注意をするかどうかという場面など、判断に迷ったときはどちらの選択が「身体に悪いか」で判定するとよい。

いのでしょうが、僕は許可を得るという行為に潜む異常性が気になってしまいます。トイレへ行くことに許可が必要なのかと。改めて考えてみると、「子どもたちがトイレへ行くことに許可を出す」という立場に立つのが嫌になってしまいました。そこで、僕のクラスでは「トイレへ行ってもいいですか」ではなくて「トイレへ行ってきます」という言葉を常識に変えました。いや、許可から申告へ変えただけなのですが、いくぶんかマシです。もちろん、申告せずにトイレへ行っても咎《とが》めることなどしないので、申告せずに行く子もいます。それで、何も困らないので、これでいいのではないかと僕は思っています。

もちろん、学級によっては「勝手に教室から脱走する」ような子どももいるかもしれませんし、安全面への配慮という意味での許可制もあるのでしょう。「あの子はどこへ行ったのかしら……」と不安な気持ちでいるのは、やはり身体に悪いですからね。

「邪悪」な文部科学省？

学校の先生の過酷な労働環境という言説はメディアでも取り上げられていて、ずいぶん社会的にも認知度が高まっていることを感じます。たしかに、休憩時間の存在を知らない先生はたくさんいるし、1人の人間が抱えるには重すぎるような問題もたくさんあります。いじめ問題なんて、1人の先生だけで対応するのは非常に困難でしょう。だからといって、学校には専門家がいるわけでもなく、「チーム学校で対応しましょう」というアドバイスにもならないようなアドバイスがなされているわけです。

そんな折にTwitter上で「#教師のバトン」という企画が文部科学省から発信されました。この発信のねらいは、以下の通りだそうです。

「令和の日本型学校教育を実現していくため、時代の変化に応じた質の高い教師を確保するためには、より一層の働き方改革の推進や処遇の在り方の検討を進めることに加え、教職を目指す学生や社会人の方に、現職の教師が前向きに取り組んでいる姿を知ってもらうことが重要です。

そこで、令和3年2月に公表した「『令和の日本型教育』を担う教師の人材確保・質向上プラン」を踏まえ、このたび「#教師のバトン」プロジェクトを新たに開始いたします。」(「#教師のバトン」プロジェクトについて ホームページより引用)

この官製ハッシュタグについては、現場の教員アカウントからは非難ごうごうという印象でした。教職の魅力の発信というニュアンスを押し出してしまったことで、現場で疲弊している教職員からは「そんなことをしている場合じゃないだろう」という本音がぶつけられた形になりました。

「Twitterという環境は、僕をはじめ匿名のアカウントの方がたくさんいらっしゃいます。そして、そこでは日々の労働での苦労が数多くつぶやかれています。僕自身は割と良い労働環境で働けているので、そこまで苦労をしていないのですが、そんな風に感じている教員は少数派であり、それは学校で働く教職員の病気休職の取得率の高さでも示されています。

そんな不平不満の矛先としてよく挙げられるのが、先ほどの文部科学省や自治体の教育委員会ですね。たしかに、これらが積極的に我々の働き方改革を実行しているというように感じることは少ないです。では、これらの機関が諸悪の根源なのでしょうか。今回はそのことについて話してみたいと思います。

日本人が大好きな水戸黄門。１９６９年の放送開始から２００３年までに放送回数は１２００回を超えるという、世界でも類を見ない長寿テレビ番組だそうです。ストーリーについては、国民的人気番組ですので割愛しますが、クライマックスは毎度おなじみで、悪人たちに対して、付き人である助さん格さんが、葵の御紋の印籠を明示して「こちらにおわす御方をどなたと心得る。畏れ多くも前《さき》の副将軍、水戸光圀公にあらせられるぞ」となります。

日本人には、この話型がしっくりくるのかもしれません。つまり、民衆の困りごとに対しては「良心的な権力者」が「最後は何とかしてくれる」というものです。

ではここで、アメリカ人が大好きなスーパーマンと比較してみましょう。スーパーマンは１９３８年にアクション・コミック誌第１号で初登場し、２０１８年で80周年を迎え、アクション・コミックス誌は１００号に達したそうです。スーパーマンは水戸黄門と違って権力者ではありません。地球から遠く離れた、科学技術が発展している惑星クリプトン出身の人ですが、スーパーマンの正体であるクラークの日常の顔は「新聞記者」です。「前の副将軍」とは大きく異なりますね。

アメリカ人には、この話型がしっくりくるのでしょう。つまり、民衆の困りごとを解決するのは「権力者」ではなくて「民衆の中の人間」というものです。

さて、水戸黄門とスーパーマンの比較から、教員の働き方改革の話に戻します。つまり、日本人はついつい「水戸黄門」的な存在を待望してしまいがちではないかというのが今回の問題提起です。学校という労働環境はたしかに過酷な部分はあることでしょう。しかし、それは**「誰かが解決してくれる問題」であり「現場にいる我々にはどうしようもない」という論理を現場の人間が採用してしまえば、そこから導ける結論は「我々には何もできない」ではないでしょうか。**

一方、学校の先生をしている僕から言わせれば、教師には自己決定できる部分、つまり、自己裁量できる領域が多いと感じます。「必ずやらなければならないこと」というのは実は「授業」と「一部の雑務」くらいであり、もちろん、数多くのアンケートなどの雑務はあるにしても、それらがあるせいで残業せざるを得ないのかと言われるとそんなことはないと、僕自身が証明しています。

僕は定時退勤をし、かつ休憩時間も意識的に取得しています。もちろん、会議や研修が休憩時間に設定されることもあるので(これは問題なのですが)、必ず毎日、休憩時間を取得しているわけではありませんが、ここまで僕は、身体と心に無理なく働けています。その極意をここで縷々《るる》述べ出せば、それで1冊の本が書けてしまいそうですし、そのような「個人でできる働き方改革」についての書籍は山ほど出版されているので、あえて僕から語る必要はないのかもしれませんが、あえて一つだけ言わせてもらえるならば、「定時退勤のコツは、定時になったら帰る」ということです。すると、これまで残業していた時間が急になくなってしまうので「業務改善の必要性」が生じます。背水の陣ですね。

教育を「贈与と返礼」で考えると……

贈与論※という考え方があります。僕自身はまったく詳しくないので、ここでは本当に簡単な部分だけ説明した後に、教育の話に戻したいと思います。

人は交換をする生き物だそうです。たしかに、交換という行為をしている動物はいませんね。人類学的には、人は「財」と「言葉」と「女」の三つを交換する生き物だそうです。これ以上は僕もよくわかりません。レヴィ＝ストロース※に関する文献を読んでいると「交叉《こうさ》イトコ婚」とか出てきますが、もうチンプンカンプンです。

さらに、人は交換をするときに「何かお返しをしなくては」と感じてしまう生き物

※贈与論
「これは私宛の贈り物だ」と思う人の出現により贈与のサイクルは起動する。「それをするといいことがある」からやるのではなく、「贈り物に対して、私も何かせずばなるまい」と考える。それが「市民的に成熟している」ことの条件である。『下流志向』(講談社、2007年)より

だそうです。この感じを「反対給付義務」と呼ぶそうです。僕が今回取り上げたいのは、この「反対給付義務」についてです。つまり「お返し」です。

贈与と交換は違います。交換は「当事者間で成立」してしまいます。AがBに何かをあげて、Bがお返しにAへ何かを返した。これは交換ですね。これ以上の運動は生まれません。AもBも満足しています。売買も交換です。財やサービスに対して、等価のものを支払うという交換です。

しかし、贈与は「無償の行為」だとされています。ただの「贈り物」ですね。しかし、人には「反対給付義務」を感じる部分がある。贈与は無償の行為ではあるけれど、受け取った以上は「返したい気持ち」が湧いてきてしまう。返さざるを得ない。しかし、それを返す相手は、「贈与をくれた人」ではありません。贈与は無償の行為なので、お返しを求めないのですから。すると、人は他の誰かへ「反対給付義務」を感じる。そうして人は、また誰かに贈与をしていくという運動の中で、人の社会は発展していった、ということなのだそうです。

※レヴィ＝ストロース（P.77）
フランスの社会人類学者、民族学者。婚姻を交換の一種と捉え、文化を共有する集団内の婚姻を禁止するインセスト・タブーを通して、社会の成り立ちを示そうとした。

僕はこのような考え方を知って、世界の見え方が変わりました。新自由主義的な考え方が生活の隅々まで浸透していく中で、我々の思考というのも「等価交換」だけに染まっていたのではないかと。何かをもらったら、等価のものを返しておけばいい。そうしておけば、誰にも迷惑をかけない、と。でも、等価交換の世界だけでは、人の世界は語れません。だって、子育てだって教育だって、等価交換のロジックではどうしても語りきれないからです。

子育てを等価交換で語れないということは、わかりやすいですよね。だって、保護者がどれだけのことを子どもにしても、子どもは何も返してくれません。もちろん、子どもの存在は可愛いですし、それを愛とかで説明してもいいのですけれど、それは「保護者側(受け取る側)」の心の話であって、子どもが「返礼」しているわけではない。子どもが「肩たたき券」とか「似顔絵」とかをくれることもありますが、それらだって、これまで子育てにかけてきた時間と労力とお金を贖《あがな》えるものではありません。それでも、人は何万年も前から、現在まで子育てを続けている。もし世界が等価交換だけで成り立っているのならば、こんなこと狂気の沙汰でしかありません。

教育も同じです。僕たちは仕事として教育をし、その代価として給与をもらっているので、これは等価交換であるという考え方もあるとは思いますが、どうもそれだけではしっくりこない部分があります。

それは、我々教員は、給与以上に働いているとかそういうことではありませんよ。いや、マルクスの資本論によれば、労働とは給与以上の価値を生み出していて、その余剰利益を資本家が搾取しているとも言えるのですが、そういう話ではありません。

そのしっくりこない部分が「反対給付義務」なのではないだろうかということをこれから書いていきたいのです。つまり、我々は、すでに「教育を受けてしまっている」。言い換えれば、贈与を受けてしまっている。その贈り物への反対給付義務として、我々は子どもたちに教育をおこなっている。そして、それは子どもたちから「返礼」を受けるようなものではありません。

よく「やりがい」という言葉が、教師の魅力として語られていますが、これは多分に「等価交換」的なものを含んでいます。つまり労働に見合う「やりがい」が得られますよということですね。これは、贈与ではなくて交換のロジックです。このロジックを採用してしまえば、「やりがい」が得られなくなった瞬間に、この交換は不成立になってしまいます。

しかし、やりがいとは厄介です。多忙を極め、心身ともに耗弱している人間は「やりがい」を感じる前に倒れてしまいます。というか、そもそも教育は交換ではないのですから、この思考の先はお先真っ暗でしょう。子どもたちに「やりがい」を求めた結果、教育が歪んでしまった事例はいくらでも挙げることができます。

例えば、「組み立て体操」は好例ですね。全国で数多くの子どもたちが大怪我をしていたのに、続けられていた悪名高い行事です。現在でも、その復活を願う教員がいるとかいないとか。これも、教師側の建前は、「子どもたちに成功体験を味わわせたい」なんですよ。いや、これはもう本音に近かったのかもしれません。一方で、潜在意識的には「このような複雑なことを子どもたちにさせることができる自身の指導力の高さ」に酔っていた教員もたくさんいました。

なにせこれは僕の体験談ですからね。信憑性は高いですよ。もちろん、当時の子どもたちの中にも「達成感」を感じていた子どもはたくさんいたのだと思います。それ自体は悪くない。組み立て体操の問題点は、その危険性なのですから。でも、やはり「やりがい」を教師側が求め出すと、教育は暴走します。何度も書いていることですけれど、教師は教室の権力者ですから。権力者の暴走は、弱者を追い詰めます。

組み立て体操で言えば、ずっと「土台の子ども」は達成感を得られるでしょうか。身体が小さいからという理由で「最上段」へ乗せられた子どもはどうでしょうか。別にこれは組み立て体操だけの話ではないことが見えてきてもらえれば幸いです。教師がやる気マンマンのときには、注意が必要だという一般的な話なのです。

教育を贈与で考えると、**「今、ここ」という考え方ではいけない**ことがわかります。つまり、**教育は未来という時間軸も勘定に入れないといけない。**そして、そんなものを勘定にいれても「答え」なんて出てこないことは自明ですね。未来なんて誰にもわからないのですから。算盤《そろばん》で計算できるようなものではありません。

教育を「個人的な営み」だと考えている人が多くいますが、それは誤解です。教育は「子ども個人の力能を伸ばす」営みではなく、「集団の存続」に関わる営みなのです。これは、個人を蔑《ないがし》ろにしているわけではありません。「集団の存続」は結果として「個人の力能」を必要とするのですから、両者は分かち難く結び合っています。しかし、どちらを主眼に置くかで、やはり教育の持つ意味は変わってきます。

これは、教育基本法にもある「国家及び社会の形成者」の育成を期すという面の意味を考えるということです。教育という現場には「すでに教育を受けてしまった被贈与者」としての「教師」と、「未来の社会で形成者として返礼する贈与者」としての「子ども」がいる。つまり、教師と子どもの間に交換は発生していないのです。

交換を「ペイ・バック」と呼ぶ一方で、贈与を「ペイ・フォワード」と呼ぶこともあります。ペイをバックしたらそれで終了ですが、ペイを他の誰かへフォワードすることで、それは運動となり、継続される。先行世代から贈与を受けたペイを、未来の世代である子どもたちに渡す。これを人類が長い間続けてきたことの意味を考えたときに、教育の見え方が変わるのではないかなと感じています。

先日、教え子の1人が休日に舞台に出演していたので鑑賞しに行きました。労働として教育を捉えるならば、これは時間外労働ですね。アウトです。そんな気持ちで行ってしまったら、公演チケット代の4000円があれば何ができるだろうとか、公演へ行った時間を計算してその時間があれば何ができたかとかを考えて、後悔の渦に入ってしまいます。僕はそのとき、贈与としてこの出来事を捉えてみました。

ここからは個人的な話です。僕は学生時代にストリートダンスをしていたのですが、ダンスに公演はつきものです。そして公演にはチケットがつきものです。つまり、公演に出演するために「チケットを先払いで買わされる」のです。そのチケットを誰かに売れれば、公演にかかる費用はかかりませんが、誰にもチケットを買ってもらえなければ費用は自分たちの負担になります。僕はサークルに所属していたのですが、そんな僕たちのダンスチームの公演のチケットをいつも笑顔で買ってくれる先輩がいました。彼女は「頑張る後輩を応援しなきゃね」と言ってくれていました。そう、これは贈与だったのです。そんな先輩からの贈与に対して感じていた反対給付義務を、僕は先ほどの教え子の舞台へ行くことで果たしていたのです。そして、担任の先生が公演に来てくれた経験をしたその子は、将来、また誰かの公演を見に行くことで、僕からの贈与への返礼を果たす。もしかしたら、というか、ほぼ確実に、先ほどの先輩は、過去に誰かから贈与を受けていたのでしょう。

何も、すべてを贈与論に還元しなくてもいいのです。都合の良いときに贈与論で考えたらいい。いや、そうじゃないですね。等価交換で「都合が悪いとき」は、それは「贈与論」で考えるべきである、ですね。だから、教育は贈与論なのです。等価交換では都合が悪いのです。

内田樹先生はその著書『下流志向』(講談社、2007年)で、同様の指摘をされていました。教育を等価交換で捉えると、※それは「買い物」と同じになると。そうなると、子どもたちは「費用を最小限に切り詰める」ようになると。これはわかりやすいです。まったく同じりんごを「100円」で買うか、「200円」で買うかは考えるまでもありません。安い方がいいですね。だって、質は同じなのですから。

では、教室における子どもたちの「費用」とはなんでしょうか。それは「学習努力」に他なりません。つまり、子どもたちが学習を等価交換という構造で捉えてしまえば、自分がする「学習努力」に見合うような学習活動しか受け入れられなくなる。でも、この捉え方がおかしいことはすぐにわかります。だって、**学習とは「それを身につけるまでその価値がわからない」もの**なのですから。さらに、その価値は数値的に考量することもできません。そんなものを「交換」しようとするのは、やはりお門違いなのです。

先述した通り、教育の世界には「40年ギャップ」という言葉があります。これは「現在の教育制度は20年後の社会で活躍する人を育成するために考えられているが、

※教育を等価交換で捉えると……
子どもたちは、教師が提供する教育サービスの価値が、質・量ともに「見合わない」と判断すれば、貨幣の代用として、授業中の私語や立ち歩きなどの「不快」で交換しようとする。子どもたちにとって、教室は不快と教育サービスの等価交換の場として観念されている。

その現在の教育を担う教師は20年前の教育の成果物である」という時間的な問題を指摘している言葉です。この問題が含意しているのも、教育を「今、ここ」で捉えてはいけないということです。教育は過去の人たちが繋いできたバトンを、未来の子どもたちへ渡すような、「過去・今・未来」を繋ぐような、長期的事業なのです。だから、例えば、「今の社会は○○であるから……」という論調の教育論は、実はその時点で「時代遅れ」なんです。まあ、そんなことを言われてしまうと、未来はわからないから何もできなくなってしまうのですが。

時間的な視点の話で教育を捉え直すときには「教師団」という言葉もあります。これも教育を個人的な営みから、集団的な営みへと捉え直すヒントになります。つまり、**教育の達成は、一教師においてなされる類のものではない**ということです。

6年生の担任を経験したことがある人は、卒業式の日に感動的な場面を迎えることもあると思います。子どもたちからは「今までありがとうございました」と言われ、保護者からは花束や寄せ書きをもらうこともあるでしょう。しかし、その子どもたちの学びは「6年生の1年間」だけではありませんよね。1年生から6年生まで、数多くの先生によって教育をされてきたということを、ついつい忘れがちになってしまいます。6年生の先生は、その「最後の1年間」だけを担当したわけです。

別の事例でも考えてみましょう。例えば、今、目の前の子どもが「どうしても逆上がりができない」とします。もちろん、教師としてはなんとしても、その子に、「今、ここで」逆上がりをできるようにさせたいですよね。わかります。教師としての喜びは、子どもたちの「できた」に立ち会うことですから。でも、それは必ず達成できないかもしれません。教師の指導力の欠如かもしれないし、その子の発達的に、今はまだ困難だったのかもしれない。「今、ここで」できるようになることを、教師側が追い求めすぎると、それは「子どもを追い詰める」かもしれません。

逆上がりができるようになった子どもが、「やったあ！もうこれで、逆上がりの練習をしなくても済む！」と喜んだという悲しいエピソードは、数多くあります。一方、次年度の先生が、特別な指導をしなくても、子どもの心身が十分に発達したから逆上がりがすぐにできたということも、またたくさんあります。そんなエピソードを聞くと、前年度の担任としては悔しいのですが、教育が個人的な営みではないと考えるならば、悔しがるのではなくて、むしろ、子どもの成長を喜ぶことができるのではないかなと考えています(正直、悔しいですけれどね 笑)。

ここまで書いてみて、急に「ありがとう」も贈与ではないかと思えてきました。誰かに「ありがとう」と言われると、気分が良くなりますよね。気分が良い状態だと、誰かに「良いこと」をしたくなります。困っている人にも手を差し伸べたくなる。すると、誰かから「ありがとう」と言われる確率が上がります。この「ありがとうの贈与」が数多くある社会において、困っている人が生き延びる確率も上がることでしょう。社会まで広げなくても、教室でもいいのです。教師が積極的に「ありがとう」と言う学級において、教室にいる子どもたちが困ることは少ないはずです。だって、教室には「ありがとうの贈与」をもらって「反対給付義務」を感じている被贈与者である子どもたちがたくさんいるのですから。

ちなみに、マオリ族の文化の中では、贈与に対して返礼をしないと厄災をもたらすと信じられているそうです。これも興味深い。これをそのまま使ってしまうと「ありがとう」が呪いみたいですね。

ずいぶん、贈与論で盛り上がってしまいました。僕は、贈与論という考え方を知って、自分のこれまでのモノゴトの見え方が変わったことに気づいたときは震えました。贈与論は、まさに僕にとって革命的な考え方でした。この体験も贈与ですね。そして、この感動の伴った贈与への返礼として、この文章を書いているわけです。そして、この文章を読んで震えてしまった誰かが、また別の誰かへ返礼をしていく。そう考えると、やはり「学び」とは贈与であるという考えがしっくりきてしまうのです。

「経験」よりも「歴史」から学ぶ教師でありたい

贈与論から、時間の話が出たので、もう少し掘り下げてみようかなと思います。『困難な成熟』の中で、内田樹先生が「青年」という存在について、「新時代と旧時代を架橋する」という表現をされていました。明治という時代に、急激に国の制度を変えていく中で、そのような存在が必要だとされたという分析でした。

学校という空間を見たときに、学校にはまだ「旧時代の空気」が多分に残っていると感じます。例えば、今から100年以上前の教室の写真と現代の教室の写真には、その構造に大きな違いがないとよく言われています。例えば、家庭の台所の100年前と今を比べてみれば、その差は歴然であることがよくわかると思います。その他何でも、比べてみれば、その差は明らかなのに、どうして学校だけが「変わらない」のでしょうか。

「教師中心の教育から、子ども中心の教育に変える」と言って、教育のコペルニクス的転回に影響を与えたデューイだって100年以上前の人ですが、そのデューイの言葉だって、現代の教育に大いに適用できてしまうあたり、学校教育は本質的に変化していません。

「不易と流行」という言葉もありますが、**教育の場合、良いから残っているというより、変える勇気がないからそのままという印象も強いです。**例えば、校内清掃を子どもたちにやらせているのは、当初は予算不足という側面があったという話を聞いたことがありますし、フィンランドや欧米諸国では、校内清掃は業者がすることが一般的だそうです。当時、校内清掃に関する予算が確保できていたら、現在の学校には「掃除当番」なるものはなかったという可能性を考えるとおもしろいですね。

一教室における人数だって、科学的根拠があるわけではないでしょう。戦前の50人とか60人とかが多すぎるということから、現在は35人学級案で進んでいますが、これだって「過去が多かったから減らす」という話であり、「学級の児童数の適正人数」という議論から出発したわけではありません。学級担任をしている僕から言わせてもらえば、学級の児童数は20人くらいがいいなと感じますが、これだって個人差があることでしょう。

そんな「変わらない学校」ですが、では「変わる学校」が良いのかと言えば、それも考えものです。まず、変える主体が誰なのかという問題が出てきます。政治家が教育に口を出して、現場が満足したという事例をあまり聞かないのは、政治家は「学校にいない」からですね。そして、教育に口を出す政治家の多くの口ぶりが「無能な教師を叩き直す」というスタンスが多いことも気になります。その論理的必然は「管理強化」になり、それは労働環境の悪化を意味します。

行政主導での教育改革でいうと、最近だと「GIGAスクール構想※」ですね。これも現場は割と大変でした。故障機はどうするのか、代替機は何台あるのか、といった管理は現場に丸投げです。パソコンの設定はどうするのかといった専門的なことも全部、運悪く「パソコン担当」にされた僕みたいな教師が担うわけです。機械導入の予算は組んでくれても、それを維持管理する「見えにくいコスト」は現場持ちであると

※GIGAスクール構想
全国の小・中学校の児童生徒1人に1台の端末を配備し、高速大容量の通信ネットワーク等のICT環境を整備する文部科学省の取り組み。当初は2023年度中に1人1台の端末を配備する計画だったが、新型コロナウイルスの影響で、2020年度中の完了を目指すよう前倒しが行われた。

いう点が、いかにも行政主導感を醸し出していますね。

何度も触れている「40年問題」もあります。我々がすでに過去の時代の遺物であるのに、未来の子どもたちを育てることなどできるのでしょうか。教師はついつい「そんなこともできないと、社会に出たら困るぞ」と、まだ社会を知らない子どもたちを脅してしまいますが、かくいう教師だって、子どもたちが活躍することになる「未来の社会」についてては、まったくの無知です。むしろ、変化が激しい未来の社会に対しては、我々大人よりも、今の子どもたちの方が順応性は高いかもしれません。いや、高いでしょうね。1人1台パソコンの使いこなし方を見れば、そう感じてしまいます。

では、我々は何もできない無知で無力な存在なのでしょうか。もちろん、そんな悲観的な結論を言うつもりはありません。ドイツの鉄血宰相ビスマルクの有名な言葉を引用します。

「愚者は経験から学び、賢者は歴史から学ぶ」

我々教師は、子どもたちを「教える存在」です。しかし、未来のことは誰にも教えることができない。それならば、やはり「歴史に学ぶ」しかないでしょう。ここで言う歴史とは「書物」のことです。経験から得られるものはたくさんありますが、一方で、我々の人生は経験だけで学べるほど長くはありません。**1人の人間が一生で経験できることは限られています。そこで、過去の人たちの経験である「書物」から学ぶのです。**過去を知れば未来が予測できるわけではありません。むしろ、未来予測ほどあてにならないものはないとも言えます。だからといって、歴史から学ぶことに意味がないはずがありません。

歴史学者であるユヴァル・ノア・ハラリ※は歴史を学ぶ意義を「過去から解放されること」だと述べています。「我々の現在は、決して決定論的なものではなくて、別の形もあり得た。ただ、偶然に今の形になっているだけである」。

※ユヴァル・ノア・ハラリ
イスラエルの歴史学者、哲学者。著書『サピエンス全史　文明の構造と人類の幸福　上・下巻』、『ホモ・デウス　テクノロジーとサピエンスの未来　上・下巻』(いずれも河出書房新社)は世界的ベストセラーとなっている。

先ほどの校内清掃が典型ですね。学校という体制の初期に予算さえ獲得できていたら、子どもたちが校内清掃を担当する現在の学校の形は変だということになっていたでしょう。つまり、**過去を知ることで「未来を作ることができる」のです。**これは、まさに教育基本法にある「国家及び社会の形成者として必要な資質」ではないでしょうか。

教育には正解がありません。だから、様々な教え方が存在します。一方で、そのすべてを網羅的に知ることができない以上、人は最後には「自分の経験」を頼りにしがちです。これ自体は間違いではないのですが、そこばかりが頼りになると、教育は「自分の受けてきた教育の再生産」になりがちです。つまり、教師自身が「経験」という呪いにかかって身動きが取れなくなってしまいます。そこを解放するのが「書物」なのです。

歴史を学び、自分が受けてきた教育が唯一絶対の教育ではないことを知り、未来の社会を形成していく子どもたちに、**何を教えていったら良いかについて悩み抜く覚悟**が必要なのではないでしょうか。

そして、その過程には大きな「葛藤※」が伴います。その葛藤について、次は述べてみましょう。

葛藤、していますか?

教育に科学的な考え方が入っていると感じます。科学に葛藤はありません。失敗はあるかもしれませんが、「これでいいのだろうか」と自己の課題の原点に立ち返ることはないでしょう。科学は、数ある失敗から成功を積み重ねていく営みです。途中で失敗しても、先人の偉業まで立ち返れば、そこからまた歩き出せます。

『Dr.STONE』(Boichi著、稲垣理一郎原著、集英社、2017年~2022年)という少年漫画があるのですが、これは人類が石化してしまった数千年後の世界に、科学の力で文明をもう一度作ろうとする科学者が主人公の漫画です。彼も、先人の偉業を土台にし

※葛藤
内田氏はあらゆるところで「葛藤」について言及している。葛藤するとは、あらゆる不条理なことがらについて思考し続けることであり、葛藤を通じて、感受性が敏感になり、視野も広がり、見識も高くなり、人として成熟すると説いている。

て科学の力を再現していきます。「再現性こそ科学」という主人公のセリフも印象的でした。

一方、教育は葛藤の連続です。「これでいいのだろうか」と毎日感じています。教育には再現性がありません。あるように見えるかもしれませんが、それは厳密には「同じ事象」ではありません。なぜなら、人はすべて違う人だからです。

教育技術法則化運動※というものがありました。現在はTOSSという団体が引き継いでいます。これは、教師の指示を教室で忠実に再現すれば、どの教室でも同様の教育的効果が得られるというようなものです。しかし、教師だって人間です。機械であれば、機械から音声を流して同じように聞こえるようにすることは簡単ですが、人間はそうはいきません。そもそも、子どもたちと教師との信頼関係の有無や、子どもたちのその日の気分によっても事象は変わってくるでしょう。もちろん教育技術法則化運動のすべてを否定しているわけではありません。実際、向山洋一先生が考案された

※教育技術法則化運動
1983年、東京都の公立小学校教員であった向山洋一氏らが提唱した集団、および活動。全国の優れた教育技術を集め、交換し、共有財産にするという教育のマニュアル化の実現を目指した。

「跳び箱を跳ばせる方法」などは、僕自身も跳び箱指導で参考にさせてもらいました。**要は、葛藤なのです。信じすぎない。常に疑う。**そういう部分がないと教育は危ういのではないかと、そう感じています。

教師が教育技術を信じ過ぎてしまうケースはよくあります。繰り返しますが、教育には正解がないとされているので、教師としても拠り所がほしくなるのです。それが、教科書であり教育技術なのです。しかし、それらを信じ過ぎてしまう弊害があります。それは「教育技術は正しいのだから、それで子どもたちができないのであれば、できない子どもたちが悪い」といったものです。教育技術は「成功者の声」です。だから「うまくいった事例」と共に語られます。これは絶対です。だって「うまくいかなかった教育技術」が人から人へ伝わることはほぼないからです。教育書もそうです。「成功事例」しか載せません。いや、成功事例だから教育書として伝えたいのです。

でも、教育書通りに実践してみてもさっぱりうまくいかないなんてことは数多くあります。それは、まさに「書かれていない部分」が大切であることの証左であり、教育実践はナマモノであることを示しています。言語化できない部分に実践の本質があるとも言えそうです。

しかし、そんなことを言われたところで「現に現場で困っている教員」を救うことはできません。そしてさらに「困っているときに救われた」という声とともに教育技術は現場に浸透していく構造を考えれば、教育技術がある種の力を帯びていくことは止められません。

さらに、現代にはTwitterが存在します。職場の人間関係が希薄化していたり、職場のベテラン勢が大量退職する中での指導的役割を担うべき教員の減少なども相まって、職場の人間から伝えられる教育技術よりも、教育書やTwitterなどから伝えられる教育技術の方が、これからは増えていくことでしょう。

その弊害について考えてみましょう。それは、教育書やTwitterからは「レスポンスがない」という点です。職場の同僚だったら、「○○をしてもうまくいかなかったのですが、どこが良くなかったのでしょうか」という質問を投げかけることができます。

学校の先生という人たちの多くは「教えたがり」なので、その手の質問には親身に答えてくれるでしょう。そして、それらの同僚は、あなたが現に困っている「学級の子どもたち」も知ってくれています。教育実践がナマモノであるのならば、その情報は効果的なアドバイスとしては必須でしょう。

一方、教育書やTwitterは、その必須の情報が抜け落ちています。あくまで「成功《せいこう》譚《たん》」として語られています。さらにそれは書籍だったりインフルエンサーだったりという、職場の同僚にはない「権威性」まで帯びていることもあります。こうなると、そこで紹介された教育技術に対して「疑いの目」を向けることがいよいよしにくくなる。すると、「葛藤」ができなくなる。

そうやって教育技術を「妄信」した結果、周りの同僚からの指摘が「批難」に聞こえて耳を塞ぎ、最後には学級が崩壊して病気休業を取得した教員を僕は知っています。日本の学校文化には古くから「同僚性が高い」という特徴があるとされていて、これは時には「足並みを揃える」という悪癖を生むことにもなりますが、やはり「同じ現場を知っている教員」という強みの部分もあるのではないかと感じます。

繰り返しますが、要は葛藤なのです。**どちらに重心を置くこともなく、どちらの声にも耳を傾ける。結果の良し悪しは「子どもたちの反応」を見て考える。でも、その「子どもたちの反応」だって、こちらが選択的に見たり見なかったりしている可能性も考慮する。**そういう「自己への点検」という作業を僕は「葛藤」という言葉に託したつもりです。「正解のない教育」という道のりを歩く道標は「教育書」でも「Twitter」でも「職場の同僚」でもなくて、「自分の中にある葛藤」という「運動」なのです。葛藤は運動であり、固定しない。「思考停止教育への挑戦」というテーマで過去に本を書いた僕は、そんなことを考えています。

「どうして掲示物を貼らないのか」みんなと同じで安心するのが管理職

先日、管理職に「どうして、教室後方に掲示物を貼らないのか」と質問されたので、僕は「教室という空間を広く使いたいからです」と答えました。すると、「他のクラスでは貼っているだろう。だから、貼ったらどうですか」と言われたので、「他のクラスがしているからする、という理由は受け入れられません」と答えました。

「みんながしているから、しなさい」という指導は、学校現場では教師対子どもでも、教師対教師でも、本当によくある指導なのですが、僕はその多くを突っぱねます。こちらには「空間を広く使いたい」という明確な理由があるにもかかわらず、それを変更させせられることは理不尽だと感じます。

このような「足並みを揃える」という指導の根拠について、僕はよく考えます。それは、僕が過去に何度も何度もこのような指導を管理職から受けてきたからなのでしょう。

まず、一つ目の理由は「安心感」ではないでしょうか。すべての教室が同じような構造になっていれば、そこに疑問は生まれにくいものです。「この学校の教室とはこういうものである」というメッセージは、教室空間の意義を考えるという思考さえ打ち消すことができます。僕の教室のように「他と違う教室」があると、「どうしてこの教室だけ違うのだろうか」という思考が生まれてしまいます。そして、それは「他のすべての揃っている教室」への疑問となって返ってきてしまいます。しかし、その疑問に答えるための理由は「みんながそういう教室だから」という以外にないので、不安になってしまいます。結果的に、揃っている方が安心するのではないでしょうか。

二つ目は「指導が行き届いている感じ」ではないでしょうか。管理職の強い指導力によって、各教室の構造に統一感があるといった具合でしょうか。しかし、僕は常々、「多様性こそ教育の力」だと思っています。管理職の指導力については、別に「統一感を出す」ことに力点を置かなくてもいいのではないでしょうか。例えば、「子どもの主体性を大事にする」といった、少し抽象的だけれども哲学的な視点を各教員と共有するという指導力だって立派な指導力です。もちろん、「形を揃える」と比べれば「わかりにくい」かもしれませんが。

三つ目は「保護者への説明責任」です。これが最大の理由ではないかと感じています。つまり、保護者から「どうして、ここは○○なのですか」という質問に対して、「うちの学校では○○で統一していますので」と返されると、保護者はそれ以上、質問しにくくなってしまいます。でも、これも逆の立場で考えればわかりますけれど、対応が「役所的」ですよね。保護者としてはその教育的意義や効果などを聞きたくてした質問なのに、なんだかはぐらかされている感じもしてしまいます。

もちろん、学校という立場が社会的にずいぶん弱くなってきているという側面を抜きにしてはいけません。学校が、自説を滔々《とうとう》と述べて、保護者にそれが聞き入れてもらえるような状況ではありません。嘘みたいな話ですけれど、3年生の子どもでも、先生に対して平気で「教育委員会に言うぞ」と言うような時代です。その言葉の持つ意味を子どもでもわかって言っているあたりがどうにも「嫌な感じ」を反映していますよね。子どもたちだって、気分は「お客さま」なのでしょう。「わたしの満足するサービスを提供するなら、学校へ行ってやる」といったところでしょうか。だから、学校が「自衛策」に注力したい気持ちもよくわかるのです。

しかし、やはり、僕は**自分で納得した理由をもとに教育実践を行いたい**のです。僕にとって、教室は「創造的な空間」です。知識を頭に詰め込むだけのような空間にはしたくない。そして、創造的な空間には「広さ」が必要です。先述した通り、芸術家のアトリエや大学の芸術棟の天井は高く設定されているのです。

ここまでの僕の自説を読んで、「屁理屈を言うな」とか「非常識だろ」と感じる方もいらっしゃるかもしれません。実際、現場ではそんな反応を受けることもよくあります。しかし、僕はそこにも反論をしたい。**教育という営みを主宰するならば、「捏ねれるくらいの理屈を持てよ」ということです。**

子どもたちは「どうして?」の生き物です。子どもたちのそんな疑問に対しては、誠実に自分の言葉で答えたいものです。しかし、子どもの疑問に対して「それはルールだから」というのはあまりに寂しいとは思いませんか。その教師の返答から子どもが受け取るメッセージは「事なかれ主義」とか「長いものに巻かれろ」ではあっても、「私たちを教育してくれている」ではないでしょう。屁理屈の一つくらい捏ねられるような教育実践をしていこうというのは、そういうことを含意しているのです。

「教育の数値化」が「根拠のない自信」をうばう

「やり抜く力(GRID)※」という言葉を聞きます。この能力こそが人生の成功の秘訣だそうで、様々な分野で成功を収めた人間に共通する能力だと言われています。

たしかに、途中で諦めてしまうような姿を理想とする人はいないでしょうし、失敗を失敗と捉えずに、「成功の途中」と捉えられるようなマインドセットを持てば、いつか成功するであろうことは論理的にもわかります。

一方、このような「やり抜く力」を、子どもたちにどのように身につけさせたらいいのかというのは、難しい課題であることも明白です。我々大人だって、これまでの

※やり抜く力(GRID)
アメリカの心理学者であり、ペンシルベニア大学教授のアンジェラ・リー・ダックワースが「才能やIQ、学歴ではなく、やり抜く力こそが、社会的に成功を収める最も重要な要素である」と提唱した言葉。2016年に発売された書籍「Grit: The Power of Passion and Perseverance」はベストセラーとなった。

人生で数多くの挫折を経験していく中で「やり抜けない」ような失敗体験をしてきました。その経験から、我々は「やり抜く力」を、ある種の理想として捉えてしまっていることも不思議ではないでしょう。

ここで、少し個人的な話をさせてもらうのですが、僕の出身校は和歌山県にある「きのくに子どもの村学園」※(以下、きのくに)という、オルタナティブ教育を数十年前から実践している学校です。この学校の教育実践はかなり特徴的なのですが、ここでは割愛させてもらいます。是非、調べてみてください。僕の教育観に大きく影響を与えた学校です。

先日、この学校の教育方針に興味がある大学の教授の方から、卒業生としての僕にインタビューをしたいということで、お受けしたときに話したことこそが、まさにこの「やり抜く力」と関係するなと思ったので、そのことを書きます。

きのくに出身の子どもの多くは「根拠のない自信」を持っているという話題でした。

※「学校法人　きのくに子どもの村学園」
1992年創立。どの子にも、感性、知性、人間関係のいずれの面でも自由な子どもに育ってほしいという教育理念から、独自の教育を展開している。自己決定・個性・体験学習の尊重の3本を基本方針とし、多くの子どもたちが寮生活を送りながら学んでいる。

たしかに、きのくにの卒業生には、劇団四季で活躍している人、ウクレレ日本チャンピオン、インドで日本との交流を支援している人、NPOとしてフードバンクの事業をしている人など、その卒業生の人数の割合に対して「多くの人が選ぶ進路とは違う進路」を選ぶ人が多いような気がします。僕だって公立学校の小学校教員として匿名の執筆・講演活動を行っているという、世にも珍しいキャリアを形成しています。

「多くの人とは違う進路」を選ぶことができるというのは、一つの特別な能力のような気もします。なぜなら、現在の学校教育のほとんどは「みんな同じ」であることを子どもたちに暗に進めているような節があるからです。例えば、先ほどの「足並みを揃える」という教師側の意識が子どもたちに与える影響は少なからずあるはずです。

他にも、「同一年齢が同一学習課題を行う」という教室や授業の構造という点からも「同質性」が学習活動の前提になっていることがうかがえます。同質性が前提の空間であれば、「他の人と違う」というのは「矯正」の対象になっても不思議ではありません。「学校教育は天才をつぶしてきた」という言説は各所で聞かれていることでしょう。

きのくにの学級は「縦割り編成」です。1年生から6年生が同じ教室で学びます。各クラスには「テーマ」が設定されており(これをプロジェクトと呼びます)、テーマこそ同一ですが、子どもたちの学年編成はバラバラなので、それぞれにできることが異なります。そうなると、当然「助け合い」ということが学習の前提になります。こういう環境では「他者との違い」は目立ちません。というか、違いがあるからこその「助け合い」なので、同質性を感じることはほとんどありません。

そういう環境で、子どもたちは「自分にできること」や「自分が学びたいこと」を主体的に考えながら学習をしていくわけです。学校における学習環境のみが人格形成のすべてを決定するとは考えていませんし、教育社会学の知見をお借りするなら、学校の学習活動が子どもたちに与える影響力は我々が考えている以上に少ないとも言われていますが、それでも、学校教育の力を信じるならば、きのくにの卒業生に「根拠のない自信」を持っている子どもが多いという関係者からの証言について、一考の余地が残されていそうな気もします。

つまり、今の学校教育は、例えば、テストというもので学習能力を数値化することで、子どもたちの可能性を暗に示してしまってはいないでしょうか。きのくににはテストがありませんでした。だから、僕は公立高校へ進学してから初めてテストというものを受けたのです。例えば、理科のテストの点数が低い子が、それでも理科に興味を持ち続けて学び続けることなど稀有な例でしょう。テストの点数が、そのまま子どもたちの可能性になっているなんて、どう考えても馬鹿げているのですが、子どもたちのほとんどは、テストをそのように捉えているし、それは教師も同じかもしれません。そもそも子どもの力能を数値化できるという考え方がおかしいと思っている教師が少ないと思います。指導案を見てみたら、そのことはすぐにわかります。各学習活動に「評価の観点」が明記されていたりします。そもそも現在の学習評価だって「観点別学習状況」を評価できるというスタンスです。僕はこれを「教育の科学化」と捉えています。しかし、人間は科学のようには分析ができないのではないでしょうか。科学の対象の多くが無機物なのに対して、教育の対象は有機体である人間です。

教育に科学の考え方がどんどん入ってくることで、子どもたちは数値化され分析されていきます。そして、それらによって子どもたちの可能性はどんどん限定されていきます。 すると、子どもたちは「これは、できない」とか「これだけは、できる」のように、自己の能力を具体的に捉え出します。そんな風に自己を捉えることができると考えている人間が「根拠のない自信」など持てるでしょうか。そういう人間は必ず、「自身の可能性の吟味」を行います。そして、そのふるいにかけられた結果残っているものを選び取るしかなくなる。教育という営みが「子どもたちの可能性を認め伸ばす」ものであるという言説なら同意する人が多いはずなのに、実際にやっていることは「子どもたちの可能性を限定し萎縮させる」ことではないのでしょうか。そんな風にして育てられた子どもたちに「やり抜く力」なんて期待するのは酷ではないでしょうか。

第３章

教師としてどうあるべきか

「教師の注意」が「いじめ」を生み出す

学級崩壊という言葉があります。怖いですね。現場で学級担任を担当するものにとっては、決して「他人事」にはならない言葉です。「明日は我が身」ではありませんが、いつ自分の学級が崩壊してしまわないかと不安にならないことはありません。

一方で、学級崩壊は教師だけの振る舞いで起こる現象ではないとも思っています。つまり、学級で起こる事象は「教師と子どもたちとの共同作品」であるという話です。片方が欠けてしまったら、その作品は出来上がらないのです。

もちろん、子どもたちの振る舞い方を方向付ける教師の働きかけは存在します。教室における教師の影響力は大きなものがあります。と同時に、子どもたちから教師が受ける影響もたくさんあるのです。**やはり教師と子どもは、学級という作品を作る「主体者」であるのです。**

まずは「いじめ」について考えてみましょう。いじめを「人をいじめてしまう特殊な特性を持った子どもがしている特別な事象」だと考えている教師は多いのではないでしょうか。僕はこの考えに否定的です。もちろん、そのような傾向を示してしまう子どもはいるのでしょう。しかし、それが「いじめ」にまで発展するかどうかは、やはり教室における教師の振る舞い方が大きな影響を与えています。

例えば、「忘れ物をする児童を厳しく注意する」という教師の振る舞い一つからでも、様々なメッセージを引き出すことができます。それは「失敗をした人間は厳しい注意を受けても仕方がない」です。このようなメッセージは、教師が子どもたちに「直接」伝えたいことではない点に注目してください。教師はそんなメッセージを伝えるつもりはまったくないにもかかわらず、周りの児童はそのメッセージを受け取ってしまう。ヒドゥンカリキュラム※という言葉と似ているかもしれません。

すると、この傾向は子ども同士の関係性にも登場してきます。つまり「言われたことを言われた通りにできない人間は厳しく接してもいい」ですね。教師はただ「忘れ物を指導しただけ」という認識です。しかし、忘れ物をする子どもは「ほぼ毎日」忘

※ヒドゥンカリキュラム
1968年、アメリカの教育学者フィリップ・W・ジャクソンが提唱した。教師が意図する・しないにかかわらず、教師の表情や態度などの非言語コミュニケーションを通して、子どもたちが潜在的に学び取っていくことをいう。別名、隠れたカリキュラム。

れ物をしてくることが多いです。そうやって、教室の中に「厳しく注意されても仕方のない人間」を生み出していることに、無意識な教師は多いのではないでしょうか。これでいじめの下地はできあがってしまいます。あとは、その「忘れ物が多い児童」が「忘れ物」でも「その他の逸脱行為」でもいいので、少しでも「目立って」しまえば、周りの児童からの注意という名の「一斉攻撃」が飛んできます。それは受け手からすると「攻撃」なのですが、攻撃側からすると「正当な注意」なのです。だから「正義の行い」になる。つまり「いじめ」ではないのです。「注意」です。しかし、受け手側には「攻撃」であり「いじめ」に感じてしまいます。この土俵で話している限り、加害児童の行為は「正義の注意」であり、被害児童は「逸脱者」になってしまって、一向に解決しません。

これが続いていけば、「逸脱行為」はなんだってよくなります。もはや「忘れ物」である必要はありません。「鼻をほじる」とか「ボーッとする」とか「片付けができない」とか「筆記用具で遊ぶ」とか、他の子どもたちは「許される」ような行為が、その子だけは「許されない」となってしまいます。だって、いつも先生から注意を受けているのですから、その子は「注意を受けても問題がない人間」と教師からお墨付きを受けているというわけです。

そもそも全員を平等に注意するなんてことはできません。注意の頻度は、その地位によって傾斜がつけられるものです。「スクールカースト」なんて言葉もありましたね。2人以上の集団がいれば、上下関係は自然にできてしまうものです。どうしても、集団の中の下位に位置付けられている子どもに注意が集中する。すると、「注意をするための観察」が始まります。「何か悪いことはしないかな」と、クラスメイトが、特定の子どもを注目し始める。これは、もう「いじめ状態」であると認定していても問題がないでしょう。

きっかけは教師の注意です。注意自体が悪いわけではありませんが、教師による「不適切な注意」というのは、残念ながらよくなされています。人は失敗しながら学んでいくというのが真理であるのならば、教師のスタンスとしては**「多少の失敗は笑って見過ごして、困っていたら助けてあげる」**というのが理想だと僕は考えています。細かい失敗をあげつらって注意をする度に、子どもたちの自尊感情はどんどん削られていってしまいます。そして教師の注意が、周りの子どもたちに与える影響も鑑みれば、やはり、注意について教師は抑制的である方が望ましいのではないでしょうか。

学力への影響を及ぼすのは学校だけの責任？

「いじめ」の次は、「学力の高い学級」も考えてみましょう。Twitterなどでは、自身の教育実践の成果として「学級の平均点」をあげている事例が見受けられます。しかし、僕はこれには懐疑的です。それは「学力形成」における「学校の貢献度はそこまで高くない」と考えているからです。これは僕の独断と偏見ではなくて、教育社会学的には通説になっている考え方です。「両親の学歴」とか「世帯収入」の方が、むしろ子どもたちの学力を決める要因としては強い力を持っているそうです。つまり、たとえ、あなたの学級の子どもたちがテストの平均点で良い点を取っていたとしても、それを「あなたの実践の功績」に無条件でしていいのかについて、教師はその判断を留保することが必要だと思います。

例えば、僕が勤務する学校は、地域の中では割と落ち着いていて学力も高いと感じます。具体的なエピソードで言うと、「特に催促しなくても宿題が揃う」、「ここ数年、教員が病気休業を取得していない」、「全国学力・学習状況調査で全国平均に近い平均点を取れる」、「ほぼすべての保護者が参観に来る」ことなどからもうかがい知ることができます。逆に言えば、僕がこれまで勤務してきた学校は、先ほどの事例が容易に達成できなかったのです。

こういう価値観は「これまでの勤務校」などに多分に影響されます。だから、僕は現任校に対して「割と落ち着いていて学力も高い」という評価をしています。一方、同僚の中には、僕と逆の評価を現任校にしている先生もいます。その先生の前任校は地域でも屈指の高収入世帯が集まる地域で、「クラスのほとんどの児童が塾に通い」、「授業内容を授業前から子どもたちは理解しており」、「6年生の3学期になると、受験勉強のためにクラスのほとんどの児童が欠席する(受験勉強に集中させたいため)」という状況だったそうです。こういう地域では保護者の手厚い支援があるので「忘れ物」とか「教材費の未納」なんてあり得ないそうです。

先ほどの同僚のような地域で勤めていたら、たとえ、教師の力量が足りなくて、授業内容がお粗末なものだとしても、学級のテストの平均点は高いだろうことが想像できます(もちろん、保護者からの「学力向上」というプレッシャーはすごそうなので、別の悩みが出てきそうですが)。一方、その逆の状況の学校で勤務したら、いくら効果的な教育実践をしていたとしても、学級のテストの平均点は芳《かんば》しくないかもしれません。

そもそも、子どもたちは学校教育を受ける前の6年間は「家庭教育」を受けてきているわけです。そこを考慮に入れていない人があまりにも多いのではないでしょうか。例えば、「どうして○○をしたいの?」と、子どもに様々な場面で「言語化」を求める家庭で育った子どもと、「そこ邪魔」とか「だまれ」とか「口応えするな」とか言われ続けて育った子どもの「言語運用能力」には差が出たとしても不思議ではありません。

幼少期から「習い事など様々な体験」を積んできた子どもと、「自分の住んでいる町からほとんど出たことがない」子どもが、その後の学習能力に差が出たとして、それも十分に納得できてしまいます。それは、単に「知識」とか「経験」だけでなく、「自尊感情」とか「やり抜く力」とかの「非認知能力」にも多大なる影響を与えることでしょう。

つまり、子どもたちの学力などを決定する要因は決して「学校だけではない」のです。そのことに教師は自覚的であれば、「私は○○の実践をして、学級のテストの平均点を○点にした」ということを発信することに自制的になれるのではないでしょうか。

ここまで話して「1学期のテストの平均点より2学期のテストの平均点が○点上昇した」というなら話は別だと感じた方もいるかもしれませんから付け加えますが、単元によっても平均点は変わるものです。理科とか社会は単元によって内容がかなり異なるので理解度も違いますし、国語や算数だって単元によっては難易度がかなり違うことはよくあります。そう考えると、結局、「テストの点数」という数値の上下に教師が一喜一憂する姿はかなり滑稽に映ります。

というか、そもそも、テストの点数というのは「評価」の一部であり、これは「子どもたちを格付け」したり「教師が一喜一憂する」ための道具ではありません。**「評価」は「指導に活かすため」のもの**であり、例えば、理解度が低い子どもを把握して、回復指導をしたりするために使わないといけません。そういう意味で、単元の終わりにだけテストをするのはまさに「格付け」のための評価になってしまうわけで、問題があると言えそうです。ちなみに僕は、単元の中盤で「理解度を測るためのテスト」を実施して、その結果によって、単元後半の指導の方針を決めます。これを「かくにんテスト」と呼んでいて、「成績に影響しない」と子どもたちには伝えています（このことを「形成的評価※」と呼びます)。

さて、ここまで「いじめ」と「学力」という視点から、学級とは教師だけの成果ではないことを論じてきました。「学級王国」という言葉が存在するくらいに、学級において教師の影響力は絶大に見えますが、実は「子ども」とか「地域」とか「家庭」とか「学校の雰囲気」など、教育の成果に与える要因は数多くあるのです。

だから、教師は無力である、などと言うつもりはありません。「いじめ」で見た通り「教師がつくるいじめ」というものも存在します。**教師は、教育実践の「成果」の部分については自制的な姿勢が求められるし、「失敗」の部分については反省的である方が、教師の資質能力の開発という側面から考えれば望ましいのではないか**という提起で、この話をまとめたいと思います。

※形成的評価
学習目標に照らして、学習活動の修正が必要であるかどうかを確認するために、学習過程において行われる評価。

「先生は知らないだろうけど、私は頑張っているんです」

先日、個人懇談会がありました。そのときにある保護者から言われた言葉にけっこう考えさせられたので、今回はその話をしたいと思います。

「○○さんは音楽のリコーダーを頑張っていましたよ」と伝えると、その保護者は間髪入れずにこう言いました。

「先生は知らないでしょうけど、私が家で何時間も指導をしたからできているんですよ」

その子はクラスでリコーダーが一番上手な子で、授業でもいつも熱心に練習をしていました。僕の音楽の授業におけるリコーダー指導は、全体で課題曲を簡単に確認したら、あとは個別練習を採用しています。なぜなら、リコーダーの技能は子どもによって大きな差があり、一斉指導では、得意な子には「退屈」で、苦手な子には「難しい」授業になってしまうからです。レベルに応じて個人練習をして、吹けるようになったら、先生の元へ吹きに来てテストを受ける。テストを通して、その子の成長を褒めて、苦手な点をアドバイスもするので、これはテストというより「個別指導」ですね。

その子は授業中や休み時間に何度も僕のところへ来て、個別指導を受けて練習をしていました。もちろん、家でも一生懸命していたのでしょう。その練習量は僕の知る由ではありませんが、その子が吹けるようになったペースを考えれば、おそらく長い時間をかけて保護者から個別レッスンを受けていたのでしょう。

その努力を否定するつもりは一切ありません。むしろ感謝しているくらいですし、感謝の気持ちも伝えました。しかしです。先ほどの保護者の言明の前段の部分は必要があったのかと、僕はそこに引っかかってしまいました。あの言明は明らかに「学校での指導を考慮に入れていません」。僕はその不躾《ぶしつけ》な物言いに引っかかってしまったのです。

どちらがどれだけ「熱心に指導したか」を競うつもりは毛頭《もうとう》ありませんし、僕はその保護者には敵わないでしょう。しかし、学校での指導を「否定する」必要はなかったのではないでしょうか。僕に音楽的センスがなくて、拙《つたな》い授業だったかもしれません。そこには自制的であれと先ほども述べたところです。でも、やはり、教育において、教師と保護者はギスギスしていてはうまくいかないのではないかという思いが、湧き出てくるのです。

教育には「信頼」が必須なのです。だって、教育の目的は、子どもたちの「人格の完成」を目指しているわけです。自分の子どもの人格に関与するような教育を行う教師に対して、保護者側が「疑念」を抱いていたら、その活動のすべての意味が変わってしまいます。しかし最近、いろいろな場面で、この「信頼関係」の土台を切り崩してしまうような活動が取り入れられているような気がします。次は、そんなお話です。

教師と子ども、保護者との信頼関係が大事な理由

教育には教師と保護者の「信頼関係」が必須であると書きました。しかし、今の学校教育はそれに逆行しているのではないでしょうか。

「学校教育にも市場原理が必要である」。この手の意見が政治家に叫ばれるようになってからでしょうか。教師が「サービスの提供者」、子どもと保護者が「サービスの受益者」であるという言説が強い力を持つようになってきました。しかし、そのような「経済活動」のロジックによって教育を捉えてしまうと、教育はその形を歪めてしまうのではないかと危惧しています。なぜなら、経済活動においては「信頼」は必要ないからです。

経済活動で必要なのは「交換できるかどうか」です。これは、つまり「財やサービス」と等価の価値のやり取りができる者だけが参加できるというものです。千円札を

持った者は、幼児であれ、お年寄りであれ、「顧客」として認識されます。それは、千円札を持つことで「1000円までなら支払い能力がある者」というように市場では認知されるからです。そこに年齢や人格は関係ありません。

では、教育は経済活動の一部なのでしょうか。もし仮にそうだとすれば、教育における提供者は何を提供し、受益者は何を等価の価値として差し出しているのでしょうか。先述した通り、内田樹先生はその著書『下流志向』において、子どもたちは、教育サービスを受ける代価として「学業という苦役」を学校や教師に差し出していると指摘しています。これが真だとすれば、提供者は、子どもたちの「苦役」という価値に見合うだけのサービスを提供しなければいけません。

しかも、交換のロジックは「即時性」を要求します。つまり、商品はまだもらえないけれど、お金は先にいただきますということは許されない。逆はあり得ますよ。例えば、Amazonで何かを買った場合、クレジット決済なので、支払いは1ヶ月後でも商品は3日以内に届きます(ちなみに、今登場した「クレジット」の意味は「信用」なんですよね)。つまり、交換において受益者が「負担を先払いする」ことは許されない。そこで、子どもでも即時的に理解できる「おもしろさ」が、サービスの提供者には求められるようになる。

それが「おもしろい授業」ですね。でも、この「おもしろさ」には、「子どもでも即時的に理解できる」という意味が含まれてしまいます。そして、現代の子どもたちが「おもしろい」と感じるものは、「YouTube」や「TikTok」、「フォートナイト」などの「ゲーム」とかそういうものですよね。

実際、「名物ユーチューバー」である「ヒカキン」などは「子どもでも理解できる」ように「変顔」とか「大きなリアクション」とか「平易な言葉」を意識的に使っているという話を聞いたことがあります。つまり、子どもに「寄せている」ということです。いや、これは当然なんです。むしろ「ヒカキン」の成功は「子どもをターゲット」にしたことが要因ではないでしょうか。これは経済活動の一部なので、戦略としては正解ですし、その他のユーチューバーだってヒカキンを真似ていることでしょう。

しかし、**学校教育が子どもに「寄せて」いいのでしょうか。**もっとわかりやすく言い換えれば、学校が子どもたちを「お客さま」として接していいのでしょうか。ここにはなんだか違和感を覚えてしまいますが、学校は子どもと保護者を「お客さま化」するような動きをし続けています。

その典型が「授業アンケート」です。これは、子どもや保護者に「授業について」のアンケートを実施するものです。例えば、「先生の授業はわかりやすいですか」とか「授業はおもしろいですか」とか「先生は、困っていたらあなたを助けてくれますか」とかそういうことを問うものです。

このアンケートは構造的に破綻していると僕は感じます。だって、子どもにも保護者にも「情報が圧倒的に少ない」からです。ある先生の授業をある程度の妥当性を持って評価できるようになるためには、少なくとも数年間は実際に働いてみて、様々な授業を何十本と見て、指導案検討会や討議会に参加して、教育書も読んで様々な教育実践に通じているという「経験」が必要なはずです。いや、これは僕の個人的な意見ではありませんよ。だって、考えてみてください。新任の先生が、働いて数ヶ月後に研究授業を参観して、その討議会において「この授業はわかりにくかったです」とか言ったものならば、即指導を受けてしまいます。「お前みたいな新人に何がわかるんだ！」ですね。しかし、少なくともこの新任の先生だって、一般的な子どもや保護者よりは「授業を見る目」はあるのではないでしょうか。そうであるならば、やはり、子どもや保護者に「授業アンケート」を実施することはおかしいのです。

「授業アンケート」は「先生を好きか嫌いかアンケート」に名称を変えたらいいと思います。だって、**子どもや保護者は「好きか嫌いか」でしか、授業については評価できない**からです。これは子どもや保護者を貶《とが》めているわけではなくて、繰り返しますが「情報が足りない」からです。そして「好きか嫌いか」の数値を「教員評価」に繋げる管理職も少なからずいます。それを察知すれば、教師の授業づくりは「いかにお客さまを楽しませるか」という視点が重視されることでしょう。それは、ユーチューバーが「登録者」を稼ぐために「高評価ボタンを押してね」と言っていることと大差ないのかもしれません。

でも、ここからが大切な点なのですが、先ほども触れた通り、**基本的に「学習」とは「学んだ後にしかその価値がわからない」もの**なのです。もちろん、そうではないケースもあります。例えば、「資格」とか「学歴」ですね。これらは学ぶ前から、その価値がある程度予測可能な稀有な例です。希少価値の高い資格や学歴を獲得できれば就職に有利になる、などです。一方、そうではないほとんどの「学習」は「学ぶことによって、世界の見え方が変わる」など、事後的に「学習の価値」を感じるようなものです。

例えば、太陽と影について学んだ子どもが、それを学んだ日の夕方の帰り道に、自分の影が昼と比べて、長く伸びているのを発見して、それまで「意味」をなさなかった「長い影」に「太陽の位置」という意味が帯びて、世界の見え方が変わるようなことです。

「学習」が交換のロジックで語れないのは、この「時間的関係」です。価値が後からやってくるような商品は、市場経済では存在しません。ましてや、その価値が支払いの時点でわからないものを買うような人はいないでしょう。「これを買うと数年後に何かが起こります。これの値段は10万円です」と言われたら、ほとんどの人は訝《いぶか》しむでしょう。でも、学習とはそういうものなのです。

信頼関係の話をしているところでした。経済活動には信頼関係が必要はないけれど、教育は経済活動ではないから信頼関係が必要だという話です。ここまでの話をまとめます。学習とは「学び終わるまでその価値がわからない」ものですが、授業アンケートなどを通して子どもや保護者は「消費者的な振る舞い」を学校から求められて、授業を「好きか嫌いか」で判断させられる。子どもや保護者が、嫌いな先生に要求することは、「私が満足するサービスを提供しろ」ですが、それは前段の「学習」の定義と矛盾してしまう。学習の効果判定とは、まさに学習をしている段階では行えません。そこで行えるのは「いま、ここ」で楽しいかどうかという「たのしさ」なのです。結果、「より良い学習とは」ということを考えるよりも「高評価ボタンを押してね」と連呼するユーチューバーのような、お客さまに媚びるようなスタンスに学校や教師がなるのではないか、ということです。

ここを脱却するのが「信頼関係」なのです。もうほとんどまとめているようなものですが、結局、**「学び終わるまでその価値がよくわからないもの」を、子どもや保護者が納得して学び続けてもらうためには、学校や教師への「信頼」が土台にないと成り立たないのです。**

この文脈で考えると、割と多くの教育問題への答えが見えてきそうですが、見えたとしても、やはりその道のりは現場からは程遠いことも痛感させられて、ため息がもれてしまいます。

ホームページ、アンケート、評定……、「わかりやすさ」の罠

現在の学校教育は、教育を行う上での必須の土台となるべき子どもや保護者との「信頼関係」を、自ら切り崩しているという話をしていました。その要因として「授業アンケート」を取り上げましたが、それ以外にも探せばこのような事例はいくらでもありますし、さらに、実はこれは学校だけの問題ではありません。

マスメディアが教育の不祥事をたくさん取り上げてくださるおかげで、学校教育に対する「信頼」がどんどん地に落ちていきました。「不適格教員」という強烈な言葉があります。これは、まさに学校教育への信頼が落ちた結果として生まれた言葉ですね。昔だって、周りと比べて逸脱行為をしてしまう「変な先生」はいたはずです。でも、それを「不適格教員」とは呼ばなかったのではないでしょうか。それは、その「変な先生」への信頼感は仮に低かったとしても、「学校教育全体」としての信頼感はあったからです。でも、今は学校教育全体への信頼感がほぼない。だから、社会から、

学校教育へ「疑いの目」が向けられるわけです。
先ほどの**「不適格」とは、一体誰が認定するのでしょうか。**「適正がない」という判断を託されているのは、管理職でも教育委員会でもありません。業務上の最後の判断をするのは、それらの「学校教育の内部の人間」かもしれませんが、その発端は、ほぼ必ず「保護者」などの「学校教育の外側の人間」です。それがキッカケとなり「不適格教員」が生まれます。

例えば、教師が子どもを「あだ名で呼ぶ」という事例を見てみましょう。僕自身は、子ども時代にあだ名を付けられたことで「嫌な気持ち」になったことがあり、また「一度呼ばれたあだ名」を「認めない」というエネルギーも持てなかったという思い出があり、そこからの反省として子どもたちをあだ名で呼ぶことはしませんが、一方で、好きなあだ名を自分で選ぶ権利が子どもにはあると、あだ名を薦めるような学者や現場の先生も数多くいることから、議論が分かれる実践です。
当事者間、つまり、教師と子どもの間では「成立」している「あだ名」であっても、保護者が違和感を覚えた場合、それを管理職に伝えたら、ほぼ必ず、この教員は「あだ名で呼ぶこと」を管理職から禁止されることでしょう。その業務命令を破った場合、保護者は教育委員会へこの案件を持ち込み、禁止の圧力はさらに強まることでしょう。それでも、教師が子どもをあだ名で呼び続けた場合、最後には、マスメディアへ持ち込めば、教育委員会は謝罪会見を開くことになります。つまり、保護者側の強い要求に対して、現在の学校教育はあまりに無力なのです。保護者の熱量の高さという点のみが「正しさ」を証明できる。そして、それを押し返すような力が現在の学校教育にはもう残っていないというのが、現場で働いている教員としての切実なる実感です。だから、保護者を怒らせるわけにはいかない。保護者は神様になるわけです。神の怒りに対して、我々は抵抗する術を持たないのですから。

もう一つ、事例を挙げてみましょう。次は「児童を教師の膝に乗せる」という行為です。これは性別も大きく影響します。女性教員が男の子を膝に乗せても違和感を覚える人は少ない一方、男性教員が女の子を膝に乗せるのはどうでしょうか。男性教員の女児に対する不祥事は過去にたくさん報道されてきていますので、「疑いの目」を向け出したら、それは男性教員の「性癖」を満たしているのではないかと疑われても不思議ではありません。「手を繋ぐ」も同様ですね。というか、僕はスキンシップ全般を、家族以外には行いませんが、それは教員一般の常識とはなっていないようです。スキンシップについても、専門家の見解は分かれているのかもしれません。少なくとも、低学年の教室を覗けば、男性教員の女の子に対するスキンシップをたくさん見かけることができます。

さて、少し脱線してきたので戻します。学校教育は、保護者が「疑いの目」を向けた場合、自身の正しさを証明する術を持っていません。つまり、もはや対等な関係ではないのです。どちらかというと、学校側が「子どもや保護者に対して説明責任を果たす」ことが強く求められています。子どもや保護者に納得してもらえる教育実践のみが「正しい」のであり、少しでも、子どもや保護者が違和感を持つような教育実践は「不適切」と分類される。そういう力関係を前提に考えると、学校の教育実践には一つの方向性が生まれます。それが「わかりやすさ」です。

「わかりやすさ」とはなんでしょう。それは「学校教育の外側にいる人間」にも「その意味」が納得できるということです。情報開示という大きな流れがあります。それまでは「秘められた学校」でしたが、「開かれた学校」という言葉が盛んに用いられるようになってきました。

学校ホームページはその典型ですね。毎日のように学校の教育活動を写真付きで公開することが求められています。そのためにただでさえ忙しい教員の「仕事が増えた」ことはあまり触れられていませんが、このホームページ係に選ばれてしまえば、毎日のホームページの「ネタ」を考えなければいけません。まるで取材記者ですね。しかも、写真はインターネットに公開されるわけですから、肖像権の許諾を保護者から得ないといけません。しかも、それを拒否する保護者もいるわけで、その場合、公開する写真に「写真をホームページに公開することを拒否した児童」が写っているかどうかをしっかりと確認しないといけません。これも大仕事です。

しかし、そんな教育活動だけを報告されても、その成果は「わかりにくい」ですよね。大体、そういう活動報告は「活動の良かった点」だけを公開するのであるから、学校教育が適切に行われているかを評価することはできないじゃないか、という保護者の声にも応えることができません。そこで「全国学力・学習状況調査」の結果も載せることになりました。これは「わかりやすい」。うちの子どもが通っている学校は、「全国平均」と比べて「高いのか・低いのか」がすぐにわかります。高ければ満足するし、低ければ不満を述べることができる。「あの先生は、あまり怒らないから子どもたちがだらけている。もっとビシバシと鍛えないから子どもたちの学力は上がらないのだ」という意見の「適切さ」も「不適切さ」も学校教育は判断できません。そう保護者が「感じた」ことが大事なのです。

「わかりやすい」資料を学校は公開し、それをもとに「外側の人間」が学校を評価する。学校評価という言葉もよく聞くようになりました。これは地域の人たちからの意見も学校教育に取り入れていくという意味です。しかし「外側の人間」は、学校の中にいるわけではありません。やはりここにも「わかりやすさ」が求められます。「本校の児童は生き生きと学んでいます」と言われても「わかりにくい」ですよね。でも、「本校の児童は、授業アンケートの結果によると、前年度よりも『授業がわかるようになった』の項目で8ポイント上昇しました」は「わかりやすい」。**数値というものが多用されるのは「わかりやすい」を求めた結果**なのです。しかし、数値を取るためには「アンケート」が必要です。アンケートを集計して、わかりやすくまとめる仕事もあります。教員の多忙に関する調査でも、頻繁に「アンケート調査が大変」ということが言われています。

我々は「有意義な仕事」に対して「疲労感を覚える」ことは少ないはずです。実際、授業内容を深めるためにする「教材研究」は「時間を忘れて」できてしまいます。それは、教材研究にかけた時間が、子どもたちの学習を深めることに繋がるという実感があるからです。一方、「アンケート集計」が立て込んで残業した場合、その疲労感はとてつもないはずです。なぜなら、アンケートをいくら集計しても、何も「良きこと」が起こらないからですね。こういう「意味が見出しにくい仕事とか会議」に、我々は徒労感を覚えるわけです。

数値の算出を求められた結果「意味」が矮小化してしまう事例があります。というのも、数値はその効果の「一部分」のみを表しているだけであり、決して「全体」を客観的に示しているわけではないからです。むしろ、数値の弊害として「数値化されていない部分が不可視化される」ということも大いにあり得ますし、そのことを我々はすぐに忘れてしまいます。

その例として通知表における「評定」があります。そもそも通知表というもの自体が「学校におけるサービス事業」であり、必ずしもしなくてもいいことなのですが、それもあまり知られていませんね。一方、「指導要録」という書類があり、こちらは「法定表簿」なので作成と保管が法律で義務付けられています。ちなみに指導要録は年に一回の作成に対して、通知表は学期ごとに作成する学校が多いので、学校は自ら、忙しい自分たちの首を絞めているということも指摘できそうですが、そこに迂回すると帰ってこれなさそうなので、ここでは割愛します。

我々は子どもたちの学習を評価することを求められていますが、その評価の方法としては「観点別」に「学習状況」を「評価」することが求められています。「観点」は三つに分かれていて、「知識・技能」、「思考・判断・表現」、「主体的に学習に取り組む態度」の三つです。子どもの「学習」を「観点別」に分けて評価することなど本当にできるのかという疑義もあるかと思いますが、それについても話すと長くなってしまうので、別の機会に論じることにします。

さて、ここまで話してやっと「評定」の話に入れます。「評定」というのは「わかりやすさ」の産物です。国立教育政策研究所という機関が、学習評価の進め方について詳しく述べている冊子を公開していますが、そこに書かれている「評定」の付け方については、割と簡単に述べています。それは「各観点のA、B、Cの数の組み合わせから適切に評定すること」です。つまり「評定は機械的に決まる」ということですね。そもそも評定の位置付けが「総括」であり、総括とは「つまり、あーだこーだ言っているけど、わかりやすく言うと」ということなので、まさにそのままの意味として「評定」は「わかりやすい数値」なのです。

しかし、先ほども指摘した通り、**「わかりやすい数値」は「意味を矮小化」してしまいます。**せっかく、教師が「観点別」に学習状況を評価したところで、子どもや保護者は「わかりやすい数値」にしか目がいきません。学期末に通知表をもらった子どもや保護者は、通知表の「観点別学習状況評価」に目もくれず、「評定」の「数値」に「3や1が何個あるか」ばかりを数えることでしょう。こうなると、もはや「観点別」に「学習状況」を「評価」する意味はほとんどありません。僕はこのような現象を**「評価のおみくじ化」**と考えています。

「おみくじ」を引いて大吉が出たとして、「僕はどうして大吉が出たのだろうか」という問いに意味を持たないことは明白ですね。評価だって「よくわからない数値」がおみくじのように出されれば「引いておしまい」です。「あぁ、1かぁ。次は頑張ろ」程度で、行動変容はできないものです。しかし、評定がなければ、「知識・技能の観点がBだったから、次はそこを頑張ろう」までは具体化できます。まあ、これだって「何をどうしたらいいか」の行動変容には繋がりにくいのですが。

　ただ、少なくとも「観点別学習状況評価」を実施している以上、「評定」という「総括的な」「わかりやすい数値」を持ち込んだことによって、その意味が矮小化されているという指摘はできるのではないでしょうか。そういうことを言う人が少ないので、この場で指摘しておきます。

「不機嫌なときの判断は、だいたい間違っている」

「居心地の良い学級の条件とは何か」と考えることが多いです。

子どもにとって教室とは「年間200日」以上も「通わなければならない」場所です。そんな場所が「辛い」のならば、子どもにとって、こんなにも不幸なことはありません。大人は自分の判断で「居場所」を選ぶことができます。教師というのは仕事なので「辞める」こともできます。

　しかし、子どもたちのほとんどは「選ぶことができない」のです。「教室の居心地が悪いので、通うのをやめます」と主体的に選ぶことができる子どもなんてほとんどいません。辛くても通い続けなくてはいけない。保護者からしても、子どもに休まれてしまえば、仕事を休まないといけません。1日や2日なら仕事を休めるかもしれません。体調不良ならいずれ治ります。しかし、「教室の居心地が悪い」のは1日や2日では改善しません。学校は子どもたちが「毎日通うことを前提」として学習活動を計画しているので、1日休めば1日全体から遅れます。2日休めば2日遅れます。1ヶ月も休んでしまえば、もう取り返しがつかないかもしれません。そういう圧力を子どもも保護者も感じているので、体調不良以外では、そうそう学校を休むことができない。そして、「心」の不調を誤魔化し続けていたら、いずれ「身体」の不調となって姿を表します。「心身症」という言葉もあります。

「朝、布団から起き上がることができない」
「朝になるとお腹が痛くなる」
「朝が来ると不安な気持ちになる」

9月1日に子どもの自殺率※が跳ね上がるというデータを聞いたことがあります。9

※9月1日の子どもの自殺率
令和4年版自殺対策白書(厚生労働省)より、児童生徒における平成21年から令和3年を対象期間に累計された月別の自殺者数をみると8月、9月、10月の順に多いと示している。

月1日は、全国の多くの学校の始業式の日ですね。最近は「授業時数の確保」という名目で、2学期の開始が前倒しとなって8月の後半から授業開始という自治体も増えてきているそうですが、学校という「通わなければならない」場所が、子どもたちを精神的に追い詰めている。これは本当に学校関係者としては由々しき事態であります。

教室の居心地を決定している要因はなんでしょうか。そんなもの無数に存在していそうですが、実はある一つの要因が重要であると僕は考えています。それは**「教師の機嫌」**です。

教師がいつも寝不足でイライラして、子どもたちに「他責的な言動」をし、授業準備もそこそこで教科書をなぞるような授業をし続けているような教室が、「居心地が良い」とはならないことは想像に難くありません。いくら、学級の中に仲の良い友人がいたとしても、学校にいる時間のほとんどは「授業時間」であり、授業時間を取り仕切っているのは「教師」です。その主宰者たる教師が「いつも不機嫌」であれば、それは子どもたちにも多大なる影響を及ぼすでしょう。先ほどの例で言えば、子どもたちは常に「イライラし」、マイノリティに対して「他責的な言動」で責め立てて、おもしろくない授業を「いかにやり過ごす」かに知的リソースを使うようになる。およそ、「学びの場」とは似つかわしくないような子どもたちの姿が見られることでしょう。

「教師の機嫌」とは本当に大切なのです。精神科医の名越康文氏の言葉として「不機嫌なときの判断は大抵間違っている」というものがあるそうです。これはすべての教師に送りたい言葉でもあります。

僕も、**不機嫌な状態での判断でうまくいった試しがありません。**普段なら笑って誤魔化せるようなことも、しつこく突っかかってしまいます。

例えば、「子どもが忘れ物をした」という場面で見てみましょう。ご機嫌なときならば、「明日持っておいで」とさらっと言えますが、不機嫌なときならば、「どうして忘れてしまったのですか」と聞いてしまったりします。後者の場合でも「たまには理由でも聞いて反省させないとな」という、一見合理的な指導理由が存在している点に注意が必要です。しかし、その合理性でさえ「不機嫌な状態の私」が判断した「合理性」であり、「ご機嫌な状態の私」が同じ判断をしたかどうかは怪しいところです。

教師の多くは「忙しい」ので、心がすり減っており「不機嫌な状態」が「常」ということも珍しくありません。特に、生活指導上の課題を多く抱えている家庭が多い地域の学校は、学習指導以前の生活指導に忙殺されるケースも多くあります(例えば、学習用具が揃わない、朝ごはんを食べていない、寝不足状態である、など)。そういう学校の場合は、負のスパイラルという状態になっていることも多いです。教師が不機嫌であり、それに「感化されて」子どもたちも「不機嫌に」なり、登校意欲が有意に減りだして、生活習慣も乱れる。もともと、家庭に課題がある場合もありますし、ストレスからSNSやゲームにのめり込んでしまうこともあるでしょう。

教室における「負の事象」のキッカケが、教室における権威者である「教師」の「ご機嫌」であることは自身の経験と照らしてみても割と納得できてしまいます。

子どもたちは教師の言動をよく観察しています。2学期を過ぎれば、子どもたちの話し方の中に「教師である僕の言動」が見えてしまうことはしょっちゅうです。例えば、僕は「暴力反対」とよく言います。ここでの「暴力」とは「殴る・蹴る」に限定しておらず、「つかむ」とか「のしかかる」といった、一見、コミュニケーションの延長線上にあるような行為も指します。つまり、僕の、学校における暴力の定義は「有形力の行使※」ですね。これは教師による児童生徒への「体罰」の定義を借用したものです。

「それくらいの行為は、子ども同士ではよくあることでは？」という疑問もあるでしょうが、「有形力の行使」は「加害側にとっては遊び」であり「被害側にとっては暴力」ということが理解できない人は、被害側の気持ちに寄り添えないなと感じます。僕自身は子ども時代に、そのような「遊び」によって、心を傷つけられた被害児童でした。

そういう個人史もあり、僕は教室における「有形力の行使」については、「暴力反対」と言い続けています。すると、子どもたちも「有形力の行使」を見かけると、「暴力反対」と言うようになってきます。その成果かどうかはわかりませんが、養護

※有形力の行使
殴る、蹴る、引っ張る、物を投げつけるなどの行為をはじめ、他人の身体に対して物理力を行使すること。

教諭の先生によると僕の学級の怪我は学校内でも少ない方だそうです。

子どもたちにする話としては、「大人同士はボディタッチをあまりしない」という話です。たしかに、たとえ同僚であってもボディタッチをされると違和感を覚えてしまいます。「親しき中にも礼儀あり」ですよね。

そういえば、「敬意」の「敬」という字には「権威者から身を捩《よじ》って距離を置く」という意味があるという話を聞いたことがあります。たしかに、「尊敬語」には「距離感」を感じます。しかし、例えば、昔の権力者である貴族とか王様に対して、いきなり「距離感が近すぎる」と「無礼者！」と殺されていたでしょうから、このような説も納得できます。

これも内田樹先生からですが、僕の好きな言葉に「愛は歪んで伝わるが、敬意はまっすぐ伝わる」という言葉があります。「愛」の「距離感」は「とても近い」ですよね。だから危険なのです。自分の「思い」は「過《あやま》たず」に伝わるはずだという誤解が生まれてしまう。「愛のムチ」なんて典型ですよね。加害側は「愛があれば伝わる」

と思っても、被害側からしたら「痛いだけ」です。双方に「愛」を感じていれば、「痛みは学び」にもなるのかもしれませんが、そんな例は稀有であり、ほとんどの「愛のムチ」は「ただただ痛い」だけなのです。隣人愛を歌ったキリスト教だって、その信仰の違いから、ときには相手側と戦争をして徹底的に殺すことまでしました。

これらの事象から、「愛の距離感は近すぎて、物事を見えにくくする」という教訓を引き出すこともできそうです。教育に「愛」はつきものです。学園ドラマの金字塔である、金八先生やGTOやごくせんだって「教育愛」があふれる「破天荒先生」が「無茶苦茶する」お話です。それらは結果的に「うまくいった」からドラマとしておもしろいのですが、現実はそんなに甘くありません。GTOの鬼塚英吉みたいに生徒の家の壁をハンマーで壊したら、それは刑事事件です。

そこで、僕は、**教師は子どもたちに「愛」ではなくて「敬意」をもって、子どもたちに接するべきではないかと考えています。「敬意」はまっすぐ伝わります。そして「敬意」は「機嫌」に左右されにくいのです。**いくら、あなたの機嫌が悪くても、上司や尊敬する方の前では「不機嫌」なことを隠しますよね。それが「大人」なのです。我々の世界では、「自分の感情を素直に表に出してしまう人間」のことを「子どもっぽい」と呼ぶのです。そういう意味でも、子どもたちを「大人にするため」の教育を行う、教室における権威者である教師こそ、子どもたちに「敬意」を示し「不機嫌を表に出さず」、かつ「居心地の良い教室」に少しでも貢献するために、「いつもニコニコ」の「ご機嫌」であらねばならない。僕はそう考えています。

管理職の存在意義

管理職は何のために存在しているのでしょうか。こんな問いを向けられてしまう管理職という存在は、「成り手不足」に悩む教員不足問題以上に、現場では深刻な問題なのです。というのも、ここ数年「教頭」の成り手が深刻なくらいに不足しているのです。勘違いしないでほしいのですが、「管理職の成り手」が不足しているわけではありません。

「管理職」という言葉は、学校現場においては、二つの役職を指し示しています。一つ目は「教頭」です。そして、もう一つは「学校長」です。「学校長」になりたいと考えている教員は、おそらく少なくないでしょう。学校長には様々な権限が付与されています。学校長の裁量だけで、学校が大きく変わることができたという例は、全国に枚挙にいとまがありません。学校を変えることができるという魅力を持つ学校長に憧れる教員はたくさんいるはずです。

一方、管理職のもう一つの役職である「教頭」は、学校長に比べると圧倒的に不人気です。なぜなら、学校長ほど裁量があるわけではないのに、業務量は「過労死レベル」だからです。

学校という組織は、大きく分けると「管理職とその他の教職員」という、底辺がやたらと広くて、頂点がわずかしかないピラミッド構造です。その頂点と底辺の間に位置するのが教頭というポジションなのです。「中間管理職」という言葉は、もはや「辛い立場」を示す熟語として、我々の辞書には刻まれていますが、まさに教頭はその立ち位置なのです。

学校長になるためには、教頭を経ないといけませんが、その教頭の成り手がどんどんいなくなっている現場。これに対して、ある自治体では「毎年必ず、校内から1人は教頭試験を受けさせるように」という通達を出したそうです。このような「強制徴集」をかけないと集まらないくらい「教頭不足」は深刻なのです。

さて、冒頭の問いに戻りましょう。「管理職は何のために存在しているのでしょうか」。

例えば、次のような現場を想像してください。それぞれの教室は、まったくもってうまくいっているような学校。教師も子どもも、現在の教育に何も不満がないような学校。そのような学校に管理職は必要でしょうか。管理職の皆さんには申し訳ないのですが、仮にそのような学校があれば、管理職はおろか文部科学省さえ必要ないのではないでしょうか。

そもそも「管理」という仕事の意義はどんなときに生じるのでしょう。それは「管理」する立場がいないと、「現場がうまくいかない」というときですね。「現場がうまくいっている」ときに、それより上位の「管理者」が活躍する場面というのは、残念ながらありません。だって、管理しなくても現場はすでにうまくいっているのだから。

ここから導き出される論理的な帰結は、「管理者は現場がうまくいくことを願わない」という恐るべきものになります。これは、管理職自身も把握できていないくらいに内面化されているでしょう。でも、実際そうなってしまうのです。だって、「現場が困った」ときに、はじめて「管理職」としての存在意義を感じることができるのですから。

現場レベルからもう一段階上げてみましょう。教育委員会が活躍できるのはどんなときでしょう。それは現場から、「助けてください！」と懇願されたときですね。実際、学校がとんでもなく荒れてしまったときに、教育委員会から指導主事の人たちが助けにくるということはよくあります。教育委員会の指導主事は、現場の「授業がうまくいかない」という要請に対して「指導」を行います。これも現場からの「困った」という要請が元になっている以上、「現場の困り感」が起点になっていますね。現場が困っていないなら「助ける」必要性はありません。

教育委員会の上には文部科学省がありますね。こうやって、「現場の人」を「管理する人」を「管理する人」を「管理する人」と、少数の「現場」と多数の「管理者」という構造には、どうにも「現場を追い詰める」という作用を強める要素があるように思えて仕方がありません。だって、**現場が困れば困るほど、「管理する人」は、より良い「管理」の手法を模索できて、自身の存在価値を実感することができる**のですから。

この「管理職という立場」の持つ「背理性」に対して自覚的である「管理職」が言うセリフには共通点があります。それは、**「責任は私が持ちます。好きにやりなさい」**なのです。つまり、**管理職のするべき仕事は「管理する」より「責任を取る」**なのではないでしょうか。

教育は「誰にでもできる」ものにしないといけない

教員の成り手がずいぶん減ってきているそうです。教員採用試験の倍率はどんどん下がっていき、教員不足問題も深刻化してきました。そんな中、ある自治体では「免許がなくても教員採用試験が受けられる」というところも出てきたそうです。こうなると、もう「誰でもいいから来てくれ」と言っているようなものですね。そんな「猫の手も借りたい」ような職場環境であるという現状認識から、今回の話は始めたいと思います。

教員の成り手が少ない理由はなんでしょうか。まず頭に浮かぶのは「困難さ」でしょう。

当たり前ですが「誰でもできる」仕事であれば、教員には求人が殺到するでしょう。不景気と言われている今、公務員の待遇は一流企業レベルと遜色がありません。これは給与に限ったことではありません。

個人的な話になりますが、僕は第三子が生まれたときに夫婦で「1年間の育児休業」を取得しましたし、妻の妊娠中に切迫早産の危険がわかると、次の日から「介護休業」を取得して、勤務時間を減らしました。「待遇」というものを、このような「労働者の権利」とあわせて考えるならば、公務員の待遇は、この不景気と言われている日本の中でも、かなり恵まれていると言えるでしょう。

そのような高待遇にもかかわらず、それを帳消しにしてしまうほどの「困難さ」が教員にはあるのでしょう。

先日の話です。年度当初のある日、下校時刻の変更を保護者に伝え損ねた結果、児童が学校で待ちぼうけをさせられたというクレームがありました。これは、たしかに学校側の問題ですし、子どもにも保護者にも非はありません。そのクレームとして、その教員は「強烈な叱責」を保護者からお見舞いされていました。もちろん、これは由々しき事態です。子どもの安全にも関わることですし、看過できません。

しかし、一方で、年度当初という現場の先生もてんやわんやしている状況で、このようなことが起きてしまうことも、現場の人間としては痛いほどよくわかります。その日、学校から子どもに配布された手紙は、なんと「20枚」です。回収する物品だってたくさんありました。子どもたちの顔も名前も一致していないような状況で、子ども同士のトラブル対応もあったことでしょう。そんな状況で**「何一つミスのない教育」を教員に求めるのは酷ではないでしょうか。**

学校教育に対する世間のハードルはどんどん高まっていきます。**一つのミスが大きなクレームに繋がる現状で、先生たちは「責任を追及される」ことに怯えながら教育をしています。**このような状況をもって教員志望の学生たちが「困難さ」を感じるという点は、本当に痛いほどよくわかるのです。

一方で、教育とは、こんなにも「ハードルが高い」営みだったのでしょうか。一つのミスも許されないような完璧を求められ続けるような、そんな「困難な」営みだったのでしょうか。いえいえ、そんなことはありません。教育は、人類がはじまったときから延々と続けられている大事業なのです。それが、こんなにも「ハードルが高い」はずがありません。

教育の目的は「子どもたちの成熟」を支援することです。これは「集団の存続」に関わる一大事でした。なぜならば、子どもたちが成熟しないと、その集団は遅かれ早かれ滅亡する運命だったからです。子どもたちは「未来の社会の構成員」です。そんな子どもたちにしっかりと成熟をしてもらわねば、誰が集団を支えていくのでしょうか。

例えば最近、僕の住んでいる自治体の投票率は3割を切っていました。これこそ「子どもたちの成熟」という使命を学校が忘れてしまった、何よりの証ではないだろうか、と僕は教育現場の一員として頭を抱えてしまいました。だって、残りの7割の市民は「権利」を放棄して、「白紙の小切手」と一緒に為政者に「一任する」と意思表示をしたわけです。民主主義は「市民の成熟を求める」政治制度だと言われています。たしかに、市民が「誰がどんな政治をしても気にしない」のであれば、政治は一部の「政治に関心のある既得権益者層」しか見なくなります。結果として、投票率の低い我々の世代は政治から見放され続けているのです。

しかし、それでも、「子どもたちの成熟」を支援するという教育の目的は、これまで何とか達成できてきたはずなのです。だから、人類はこうやって7万年以上も存続してこれたのですから。そういう視点で考えると、実は**「教育は誰にでもできる」**のではないか、僕はそう提案したいと思うのです。

「子どもたちの成熟」を支援するためにはどうすればいいのでしょうか。これに対する「唯一解」というものは、存在しないことは明らかでしょう。**子どもたちは一人一人違います。だから、子どもたちそれぞれに「成熟への道筋」があるのです。**


厳しい先生のもとで、自分の能力の開発を求められる子どももいるでしょう。

優しい先生のもとで、自分の主体性を発揮する喜びを見つける子どももいるでしょう。

頼りない先生のもとで、周りと協力することの必要性を感じる子どももいるでしょう。

それぞれの子どもに対して「まさにそのとき、必要な先生」はまったく異なっていて当然なのです。

そこから導き出される結論は「下手な鉄砲も数撃ちゃ当たる」という経験則ではないでしょうか。つまり、**「いろいろな先生が、いろいろな教育実践をする」**という、古来より続いてきた、極々単純で簡単なことです。これは「教育の多様性を保障する」と言い換えても構いません。

しかし、学校現場の現状は、これとは真逆です。教育に関して、学校現場へ「物申したい人」がたくさんいます。保護者も、子どもも、学年主任も、管理職も、教育委員会も、文部科学省も、教育の専門家も、大学の教授たちも……。このリストが多ければ多いほど、学校現場には「圧力」としてのしかかってきます。結果的に、教育は「責任回避」のために「画一化」へと進むのです。だって、てんでばらばらに教育実践をされたら、「管理職」は、それぞれの実践について理解していないと説明できませんからね。画一化されていたら、説明は楽ちんです。「それは、本校の方針ですので」と言えば済む。

教育を「困難に」しているのは、教育に物申したい人、つまりステークホルダーの数の多さなのでしょう。そして、教育を「困難さ」から解き放つ術は、まさにこの逆なのです。つまり、**学校を「教師と子ども」だけの空間にする**という、当たり前の状態に戻すだけなのですが、これが夢物語に感じてしまうくらい、現場と理想郷には千里の逕庭《ていけい》があるのです。

特別企画
対談

内田樹 × めがね旦那

内田樹と公立教師が語る教育論

本書は、一小学校教員のめがね旦那が思想家・内田樹氏の作品にインスパイアされてできた1冊といっても過言ではない。そこで、内田氏とめがね旦那による特別対談を行った。ここではその対談の様子を紹介する。希代の思想家は一小学校教員に何を思ったのか。一小学校教員はどこまで思いをぶつけられたのか。以下、その模様をたっぷり紹介しよう。

なぜ内田樹氏だったのか

めがね旦那　僕はそれまであまり本を読むことをしてこなかったのですが、30歳から急に目覚め、むさぼるように読み出しました。そうして出会ったのが、内田先生のご著書『街場の教育論』(ミシマ社、2008年)です。手に取ったのはたまたまなのですが、読めば読むほど、もっと知りたい、もっと学びたいと意欲が喚起されました。内田先生の言葉はどれも僕にとっては特別で、どんどん内面化していきたいと思わせてくれました。まさか今日のように直接お話する機会が持てるなんて、夢にも思っていなかったです。

内田　それはありがとうございます。教育論はいろいろな人がたくさん書いているのですが、多くは学校教育の現状を手厳しく批判し、現場の先生に対して「ああしろ、こうしろ」と注文をつけるものが多くて、先生たちがそれを読んで勇気づけられるというタイプの教育論はあまりない。ですから、現場の先生たちに「頑張ってください」と「浮力」を与えていくような言葉を外から誰かが言わなければいけないんじゃないかと思って、最初に『先生はえらい』（ちくまプリマー新書、２００５年）という本を書きました。

一人一人の先生たちを過重な負担から解放して、気楽に明るい気持ちで教室に立てるように、先生たちを勇気づけるつもりで書きました。その趣旨が伝わったのか、気持ち

がくじけそうな時にはこの本を読んで耐えたという話を何人もの先生からうかがいました。めがね旦那先生もここまで訪ねてこられたのですから、書いた甲斐がありました。

めがね旦那　教師がよい教育をするためには、大前提として、教師自身が元気でいなければならないと強く思います。

内田　それに尽きますよね。教育を活性化させるためには、現場の先生たちがにこにこと陽気でいて、かつ自由に創意工夫ができるだけの自由裁量権を持つことが必要です。そして、もう一つ大切なことは、短期間で自分が行ったことの教育成果を求めるのではなく、その成果を長いタイムスパンの中で吟味できるだけの余裕を持てることです。

愛ではなく敬意

内田　僕自身が教育という営み中で大切にしていることの一つが、相手に「決して屈辱感を与えない」ということです。僕は道場で三十数年合気道を教えています。道場生にはもう30年やっている人も、昨日入門した人もいるわけです。それが混在して、同じ技を稽古している。だから、その人たちを比較して、「この人の方が巧い」「この人の方が強い」という相対的優劣を論じることは絶対にしません。誰かが間違ったことをしていた場合でも、その人に向かって「それ違うよ」と言うより「この術理の理解を誤っている人が散見されますが」と一般論として語る。できるだけ個人に対する評価を下さない。まして、門人同士の間で優劣を論じることはしません。屈辱感を与えることで術技が向上するということはないからです。

そして、教えるということは権力関係であることを教える側は常に意識しなければならない。合気道のように、道場で限定的な技術を教えるだけの関係でも、そこには人格的な権力関係が生まれます。教える側は教わる側の心身を深く傷つけるリスクを常に負っている。その危険性を意識すること。何より教える相手に敬意を持つこと。こちらに敬意がなければ、伝えたいことも伝わらないんです。屈辱感を与えて、相手が抵抗力を失ったところで、強制的に矯正するということは、ある意味簡単なんです。

でも、それは自発的に獲得したものではありません。自得した技術や知識でないと身につかないんです。

めがね旦那　今のお話で心当たりがあります。それは学級崩壊の経験です。少し前の話ですが、今でも不意に学級崩壊の夢を見ることがあり、頭の片隅には常に恐怖があります。

今から7、8年前の話。年度替わりを迎えようという2月に、崩れてしまったクラスの担任となりました。僕はこのとき「この子たちに負けてはダメだ」と、権力争いをしてしまったのです。厳しい指導で言うことを聞かせ続けようとした結果、多少静かにはなったかもしれませんが、中には教室に来れなくなった子もいて、完全に学級運営には失敗しました。今思えば、権威によって管理しようとした結果なんですよね。子どもたちは教師の思惑を見抜くと、いかに教師より権力を得るかと振る舞い、教師はいかにそれを押さえつけるかという、権力争いの話になってきます。「こちらの方が上だ」と見せつけることが担任の仕事だと思っていた部分があったんですね。

内田先生のおっしゃる通り、屈辱感を与えただけだったと思います。力関係の勝負に勝っていい気でいたけれど、そのときの子どもの顔を見たときに「こんな勝負、教育ではない」と思いました。それからは自分の教育観が大きく変わり、叱るということをやめました。

教師はよく「愛のムチ」って言うんですよね、「今、この子に厳しくするのは将来役に立つため」とか言って。でも、内田先生の本でも書かれていますが、愛は歪んで伝わってしまうけれど、敬意はまっすぐ伝わると。そこから、教育に必要なことは「愛ではなく敬意」だと思うようになりました。

内田　敬意というのは、言い換えると距離感のことですよね。相手に対して理解や共感をベースにしないで向き合うことです。理解と共感を人間関係のベースに採用すると、「理解できない人」「共感できない人」とは関係が取り結べなくなる。でも、実際に世の中には「理解できない人」「共感できない人」があふれているわけで、そういう人たちとも社会的関係を取り結んで、場合によってはコラボレーションしないといけない。だから、「何を考えているかわからない他者」とも対話できる、協働できる技術がとても大切になる。

例えば僕が、今のめがね旦那先生の場合のように、2月に学級崩壊の現場に放りこまれたら、たぶん学年末まで1ヶ月間、崩壊したままにしておくと思います。そもそも無理なんです。たったの1ヶ月間で秩序を戻すなんて。やろうとしたら、相当無理をしないといけない。でも、無理はしない方がいい。そこはそれで「僕としてはやるだけやりましたから、次の先生お願いします」と、次の学期の担当の先生に「パス」するのでいいと思います。教育は集団的な営みだからです。教えるのは自分一人じゃない。教育の主体は「教師団(faculty)」です。複数の教師たちの共同作業としてはじめて教育は成立する。

「教師団」というのは、その学期に、たまたま同じ学校の職員室にいた同僚のことだけをいうのではありません。子どもたちと関わることになるすべての先生たち、かつて教えた人、これから教える人のすべてで「教師団」を形成する。教育を行うのは、その「教師団」です。ある学期を担当した一教員の個人技ではないんです。だから、学級崩壊したクラスに当たったからと言って「自分が担任しているうちに問題をすべて解決しよう」と思う必要なんかない。自分にできるかぎりのことを誠実にやればばいい。そして、次の先生に残った仕事を委ねる。それでいいんです。努力が足りなかったと反省することも、学級運営に失敗したと絶望する必要もない。やるべきことはしたという充実感、満足感を感じて、崩壊した学級を送り出していく、それくらいの気持ちでいいと思うんです。

めがね旦那　当時、そのことがわかっていればよかったです……。まさにご指摘の通りで、「1ヶ月で立て直してやった」というキャリアがほしかったんだと自己分析しています。結局は自分のためにやっていたのでしょうね。

内田　前に「教育力」という言葉で教員個人の能力を査定するという考え方を文科省が示したことがありましたが、僕はそういう考え方をしません。一教員が一定の期間に何を成し遂げたかという風に、個人単位で教育成果を考量してはならない。もし「教育力」というものがあるとすれば、それは「教師団」という集団のパフォーマンスとして見るべきです。それをどうすれば高めることができるかを考えればいい。

学びのスイッチはどこにある?

めがね旦那　内田先生にはうかがいたいことがありすぎて困っていますが(苦笑)、続いては「学びのスイッチ」というお話です。

今、自分が興味を持ち始めて勉強していることは入ってくるのですが、中学校や高校で勉強していたことはほとんど自分の中に残っていないんです。おそらく「やれ」と言われてやっていたからだと思っています。翻って、今は自分が教える立場になって、本当に子どもたちに届いているのかと不安になることも多いです。子どもたちのモチベーションを上げるような学びのスイッチは、どうやったら入るのでしょうか?

内田　そんなに難しいことではないと思うんです。一つは先生自身が豊かな言葉の使い手になることです。豊かな語彙をもって、深い感情を表現することができること、複雑な論理を駆使して話せることは「こんなに楽しいことだよ」ということを先生が実際に子どもたちに見せてあげる。そうすれば、子どもたちに向かって話していることとそのものが教育になるはずなんです。

敬語を使う人が周りに誰もいない環境にいたら、敬語なんか使えるわけないですよね。周りが論理的ではない人たちばかりで、粗雑な言葉ばかりが飛び交っている環境で育てば、論理的に話すことは難しい。それは僕らが母語を習得してゆく過程で起きていることと同じです。僕たちは浴びるように言葉を聴いて、その言葉を模倣して自分自身の口から出力したときに、それを自分の語彙として獲得してゆく。だから、教師自身が美しく豊かな日本語の語り手であれば、子どもたちはそれを模倣して、それを出力するようになる。そのためには子どもたちが「浴びるように美しく豊かな日本語を聴く」環境を、教師自身が創り出してゆかなければならない。

これも僕の合気道での経験ですが、15年間お仕えした多田宏先生の下を離れて、関西に来ていよいよ自分が場を主催して、教える立場になったときに、僕の口から出てくる言葉がほとんど多田先生のおっしゃったことなんです。それこそ泉から湧くように師匠の言葉が口を衝いて出てきた。「これほど先生の言葉を記憶していたのか」と自分でも驚きました。多田先生の下で稽古しているときは、意識的に先生の言葉を覚えようとしていたわけではないし、もちろん道場で先生の「口真似」をしたことなんか一度もなかった。でも、自分が教える立場になって、「合気道では……」と語り出したときに、それこそあふれるように師の言葉が出てきたのです。教わる段階と、教わったことを教える段階とでは二段構えになっているのです。出力する段階になってはじめてかつて入力したものが血肉化する。

それは子どもたちの場合も同じなんだと思います。教わっている時点では自分が何を教わっているのかわからない。でも、一定の年月が経った後に、先生が言った何気ない一言が自分の口を衝いて出てくるということがある。それが「教えが内面化した」ということです。

それがどの言葉なのか、いったいいつ子どもたちの中に刷り込まれたのか、教えている方はわからない。だって、子どもたちが「かつて先生から聴いた言葉」を「自分の言葉」として再生するのは、先生の目が届かないところで、ずっと先の話なんです

から。でも、そうやって先生の言葉を再生した瞬間に「教え」が彼ら自身の知として内面化される。

そういう一言は、教科書の中に書かれていることではありません。何かのきっかけで「そう言えば……」と先生が口にした言葉です。先生が何気なく話していること、子どもたちがぼんやりと聞いていることを素材にして、やがて子どもたちの血肉になる知恵や信念が形成されるんです。

だから先生は、別に教えてやろうと意気込む必要はないんです。ただ、自分がふと思ったこと、これはおもしろいと思ったことを伝えていればいいのです。だって、先生自身が「つまらない」と思っていることは、たとえ有用な情報や知識であっても、子どもたちには絶対に伝わらないから。

「学びのスイッチ」が入ったら、子どもたちは自学自習で学び出します。学校でいろいろな教科を教えたり、いろいろな先生が教壇に立つのは、何かのはずみで「学びのスイッチ」が入るのだけれど、それがいつ、誰の、どんな言葉がきっかけになるかが予測不能だからです。だから、いろいろな先生が出てきて、いろいろな教科を教える。自分の授業でスイッチが入らなくても、別の先生がスイッチを入れてくれる。だからあまり1人で頑張る必要はないんです。「下手な鉄砲も数撃ちゃ当たる」なんです(笑)。

めがね旦那　僕はいわゆる「脱線話」を聴くのも話すのも大好きです。なぜこんなに楽しいんだろうと考えたら、おっしゃる通り、僕自身が楽しいからなんですよね。脱線話を聴いていて面白いのも、その人が楽しんで話しているからであって。ですから子どもたちにも脱線話を意識してやるんですけれども、Twitterでそんなことをつぶやくと「脱線話なんていいから授業しろよ」という厳しいリプが飛んできます(苦笑)。

内田　それは違います。「自学自習のスイッチを入れる」ということが学校教育の究極の目的です。学ぶとはどういうことかを学べれば、学校教育の責務は果たされたと言い切っていいんです。だから、学習指導要領とかどうでもいいんです。例えば50分間、先生が自分の経験したことを話すだけでも十分に良い授業になると僕は思います。その話を聴いて、誰か1人でも子どものスイッチが入ったら大儲けなんですから。

才能は人のために使ってこそ

めがね旦那　またまた話は変わりますが、僕は内田先生の「贈与論」という考え方に特に衝撃を覚え、世界の見え方がガラッと変わったんです。ごくごく簡単に言えば、能力やお金は人に受け渡すこと（贈与）で成り立っているもの、あるいは受け渡すことが前提となるものという考え方です。この考えを知ってから、「どう得なの？」とか、それこそ「勉強って何の意味があるの？」と言う子どもたちを、いかにして贈与のサイクルの中に入れられるかと考えるようになりました。

内田　子どもたちはみんなそれぞれに天賦の才能を持っています。足が速い子、音感がいい子、勉強ができる子……、それぞれに才能があるわけだけれども、それは自助努力で獲得したものではなく、天からの贈り物です。そして、贈り物をもらった以上はお返しする義務がある。天賦の才能は必ず「世のため人のため」に使わなくてはいけない。贈与された才能を自分の利益のために用いると「罰が当たる」ということを、まず子どもたちにはきちんと教えるべきだと思います。自分の「ギフト」は何だろう、それをどうやって「世のため人のために」に活かせるのかを考える。

才能にはいろいろなものがあるんです。例えば「無意味なことに耐えられる」というのも才能の一種だし、現代社会ではきわめて高い評価を得られる才能です。

僕が中学生のとき、必死で受験勉強をしている僕を見て、兄がしみじみと言ったことがあります。「樹よ、お前は自分のことを『頭がいい』と思っているだろうけれども、それは違う。お前は受験勉強のような無意味なことに耐えられる才能があるだけなのだ。それは天賦のものだ。俺にはこんな虚しいことはできない」と。これは僕の心にしみる一言でしたね。なるほど、そうかと思いました。

めがね旦那　才能が「ある」って言いますもんね。「ある」というのは「贈り物」という感じがします。才能を「得る」とはあまり言わない。

内田　おっしゃる通り、才能は自己努力で得るものじゃありません。そして、天賦の才能は必ず「世のため人のため」に使うという仕方で「お返し」しないといけない。これは別に倫理的な命令ではなくて、リアルな話なんです。才能を自分のためだけに使っていると、ある時期からだんだん目減りしてくる。

「スランプ」という言葉がありますけれど、これは天賦の才能を自己利益のためだけに使ったときに起きる現象です。自分が努力して獲得した能力には「スランプ」ということがありません。何かがうまくゆかなくなっても、ゼロから煉瓦《れんが》を積み上げるようにして自己努力でできるようになった技術はうまくゆかなくなった場合でも、どこにどういう不具合があるかわかる。

でも、天才は他の人ができないことが軽々とできてしまう。だから努力ということをしたことがない。そうやって努力もなしにできたことがある日できなくなる。どうやってできるようになったのか、その道筋を知らないから、どうやったら復元できるのかもわからない。

そして、これが不思議なことに、「世のため人のため」にこの才能がどうして必要だという状況に立ち至って、何とか使おうとすると、不意に復元されるんです。才能を自己利益のためだけに使っていると、その受益者は本人1人です。でも、世のため人のために使うと、たくさんの人がその才能の受益者になる。その人たちが「どうかこの人の才能がいつまでも枯渇することなく続きますように」と願ってくれる。この願いが天賦の才能に豊かな滋養を提供してくれるんです。

めがね旦那　「世のため人のため」という言葉も最近聞かなくなりましたね。

教育は個人の利益のためか？

めがね旦那　「世のため人のため」という話につながると思うのですが、僕はまさに日本で「個性を大事にしよう」と、個性化が強調されている時代に生まれてきました。当時流行った歌ではありませんが、「一人一人に種があり、世界に一つだけの花を育てていけばいい」という風潮の中で教育を受けてきたので、自分が教師になってからも「教育とは個々の力を伸ばすこと」と捉えていたんです。

例えば、多くの先生たちは、子どもに「なんで勉強するの？」と聞かれたら「選択肢を広げるため」とよく言いますよね。僕もそうでした。「いい大学に行けば将来の選択肢が広がるから、そのためによりよい中学、高校に行くために勉強するんだよ」

と、子どもたちに教育の意味を「個人の利益」として語ることしかできなかったんです。

でも、内田先生の本に出会って考え方が変わりました。我々がこの先何十年も生きていく社会を作っていくのは、今の子どもたちです。そう考えたら、教育とは個人の利益のためではなく、市民的成熟を果たす人間を育てるためにあるべきである。そして、それが社会という共同体の存続に繋がるという考え方に、深く感銘を受けました。

内田　学校教育の目的は「子どもたちの市民的成熟を支援する」ということに尽きると思います。

めがね旦那　ただ、一方で気がかりなのは、市民的成熟という言葉を個人の利益として捉えてしまう人がたくさんいるんだろうなということです。例えば、「市民的成熟を果たした人は収入が高くなる」などの考え方です。

内田　それは違います。先の話にもう少し付け加えれば、教育の目的は「子どもたちを共生と協働を果たしうるだけの市民的成熟へ導くこと」です。つまり、教育の目的は、子どもたち一人一人の生きる力を高めるだけではなく、共同体を生き延びさせることでもあるからです。市民的成熟ということを個人的な達成だと思うと「年収が増える」というような指標を探してしまうんでしょうけれど、そうではなくて、自分の属している共同体をより豊かで深みのあるものにすることも、また大切な目標なんです。

全員が自己利益の追求をして、公共の利益を気遣わないでいると、共同体そのものが崩れてしまう。「自分は身銭を切ってでも公共を守る」という公民的意識の高い市民を一定数擁する集団は生き延びることができます。もちろん市民全員が十分な成熟を果たさないと社会が持たないというようなことはありません。全員が大人じゃないと持たない社会というのは制度設計が間違っている。成熟した市民は一定数いればいいんです。それで足りるように市民社会は設計されています。ただ一定数いないと集団は持たない。最低でも7～8％くらいの市民が「まともな大人」であれば、社会は維持できます。維持にとどまらず、よりよいものにしようとしたら10～15％くらいはいてほしいな。

めがね旦那　例えば、40人のクラスで10％なら4人ですね。

内田　クラスの中で、例えば「どうやったら笑顔が絶えないクラスになるだろうか」ということを考えている子どもが4人いたら、集団として相当居心地のいい場所になっていくと思いますね。

めがね旦那　教育って、いつも「子どもたち全員に」という文脈で語られてしまうんですよ。でも、「1割でいいんだよ」という内田先生のお言葉に、肩の荷が降りた気がします。

内田　最低でもクラスに2人いれば何とかなります。でも、1人では無理なんです。1人が何か提案したときにすかさず「その通り！」と「セコンドする人」が必要なんです。一つのアイディアに複数の人間が同意すると、そのアイディアが一気に公共性を持つ。アイディアを出したときに、すかさず同意する子が3人いたら、一気に場の空気はその方向になります。

めがね旦那　でも、おそらくですが、多くの校長先生たちは、例えば市民的成熟という考え方を素晴らしいと思ったら、40人全員を成熟させようとするんです（苦笑）。そして、成熟できているかどうか、子ども一人一人をチェックし始める。まさに今の

「評価」がそれです。

内田　それは無理です。成熟の仕方も、その速度も個人差がありますから、評価なんかできるはずがない。僕が中学生くらいまでのときはよく「大器晩成」という言葉が使われました。茫洋《ぼうよう》として何を考えているかわからない子についてよく言われました。こういう子はあるとき大化けするという期待を込めて使われていたと思います。

めがね旦那　ゆったりと構えている感じがしていいですね。

内田　「あと10年、20年もすれば、この子は何か大きな仕事をするんじゃないか」という感じでね。逆に早熟な子はわりに早くに成長が止まってしまうんですよね。

教育崩壊の危機

めがね旦那　最近の話題に話を移したいと思いますが、なんと言っても最近は教員不足ということが言われます。Twitterで出会った友人たちと話す中で、「結局、このままでは教員がいなくなるのでは……」という話題で持ちきりです。教員採用試験の倍率が低いということはメディアでも盛んに言われていますが、現場でも何とかギリギリ回っているという状況です。このままいったら担任不在という学級も多々出てきてしまう、この状況こそ、まさに教育崩壊なのかなと思います。

内田　教員確保ができないのは教育行政の責任です。教員たちをうるさく管理し、教員たちから自由裁量権を奪い、疲弊させ、屈辱感を与えてきたんですから、若い人が教員になりたがるはずがない。

どんな組織集団においても、給料分以上働く人が2割、給料分働いている人が6割、給料分働いていない人が2割という比率はあまり変わらないんです。でも、それでも組織によって力に差が出る。それは給料分以上の働きをしている「オーバーアチーバー」の人たちに気持ちよく働けるような環境が整っている集団と、そうでない集団の間の差なんです。

ダメな組織というのは、給料分の働きがないメンバーを組織の「フリーライダー」あるいは「アンダーアチーバー」として排除し、処罰することを組織マネジメント上の優先課題にする組織です。「我々の足を引っ張っているのは誰だ」という「犯人探し」は人々の嗜虐《しぎゃく》的な気持ちを刺激します。ですから、「今我々の組織はうまく機能していない」というところから話を始めると、ほとんどの組織は「犯人探し」にのめり込んでしまう。でも、こんなことをいくらやっても組織のパフォーマンスは実は1ミリも向上しないんです。

軍隊には「督戦隊《とくせんたい》」というものがあります。前線が崩壊して、後方に退却してきた自軍兵士に銃を突きつけて「前線に戻れ。戻らないとここで殺す」と脅す兵たちです。兵士の50％が督戦隊であるような軍隊はたしかに組織マネジメントはできていますから、前線を離脱する兵士は1人もいないでしょうけれど、軍隊としては弱い。だって50％の兵士は戦わずに、自軍の兵士を見張っているんですから。

「フリーライダー探し」というのは督戦隊なんです。「給料分働いていない人」をいくら探し出して、罰を与えても、いかなる価値もそこからは生まれない。そんなことに貴重な資源を費やすくらいなら、「オーバーアチーバー」たちにどれだけ気分よく働いてもらうか、その環境づくりに資源を投じた方がいい。でも、今の日本では、教育行政は「働きのないやつ」を見つけ出して、いじめることが組織マネジメントだと信じている。これは組織論として間違っています。こんなことを続けていたら、教員たちが疲弊し、プライドを失い、最終的に教育崩壊に至るのは当たり前なんです。1日も早くこんな有害無益な組織管理を止めて、学校を建て直すべきです。

めがね旦那　先ほどの、クラスを立て直すことに失敗してしまった話も今のお話も、とにかく足を引っ張る存在を排除することこそが組織をよくすることだ、という考え方が深く内面化されてしまっている結果だと思うし、それが僕らの世代なのかなとも自覚しています。

内田　ずっとそう教えられてきたんですからね。

勇気を持つこと

めがね旦那　繰り返しになりますが、いずれクラスに担任がいない状態になってしまうのではないかと危惧しています。先生がバタバタ倒れているんです。例えば、学年3クラスのうち2人の担任が倒れてしまい、1人で3クラス分の子どもをオンラインで教えるなんてことも出ていると聞きます。数年後、これが当たり前になるのではないかと懸念します。

もっと言うと、授業はもう一部のスーパーティーチャーの授業をオンデマンドで流し、子どもたちはそれを見ているだけになるかもしれません。そうなるといよいよ先生がいらなくなる、それが教育崩壊です。様々な評価がありますが、今回のコロナ禍では、そうしたプランも現実的に描けてしまったと見ることもできます。

内田　今のままだと本当にそうなってしまうかもしれないですね。でも、医療人になりたいとか教師になりたいとかいう人は、どんな集団にも必ず一定数はいるんです。そのうち実際に教師になるのはせいぜい15％くらいで、後の人たちは別の仕事をしている。ふつうなら、「教師が足りない」と聞いたら、その85％の人たちが反応するはずなんです。それが起きていないというのは、学校がそれだけ魅力的ではない場になっているということです。行政が教育を壊し続けてきたことの結果です。

めがね旦那　世間では、「子どもたちの実態が変わってきている」「教師の指導力が低下しているから教育が崩壊している」と言われています。でも、行政は結局「これまでそうやってきたから」という前例踏襲を続けています。今「こうなっている」とわかっているのに、なぜ方向転換をしないのかなとずっとモヤモヤしています。だから「オーバーアチーバー」には、「今までと違うことをするな」と指導が入ってしまうのです。

内田　現場の先生たちが戦うしかないと思います。戦うのが難しいことはわかりますが、管理職や行政に対しても、言うべきことはきちんと言った方がいい。そして、それは単発ではなく、同時多発的に各学校で同じことが起こらなければならない。

教員対象の講演会で、最後の質疑応答のときに先生たちに「一体、明日からどうしたらいいですか」とも聞かれるので、「戦うんですよ」と伝えると、みなさんたじろがれます（笑）。でも、黙っていては何も変わらない。誰もみなさんに代わって教育を良くしてはくれない。自分で変えてゆくしかない。

めがね旦那　日本人は改革者を求めて、ただひたすら我慢して待っているとよく言われますよね。Twitterでも「文科省が悪い、文科省が変わればいい」という書き込みをよく見ますが、それは違うと思います。

内田　おっしゃる通りです。文科省は変わらないですよ。だからこそ、現場から変わる、変える、声を上げることが大切だと思います。

めがね旦那　Twitterなどで新しく出会った先生たちの中には、僕のようにモヤモヤを抱えていても、結局は最後に「集団の中で浮いてしまう」と、次の一歩を踏み出せない人がたくさんいます。戦うためにはどうすればいいですか？

内田　「勇気」を持つことです。

めがね旦那　そういえば、最近あまり聞かない言葉ですね。

内田　もう30年くらい「勇気を持て」という言葉は聞かないですね。でも、僕らが子どもの頃には「勇気」は子どもたちに最優先で教えられた徳目でした。そこにはやはり戦争が影を落としていたと思います。親たちも教師たちも、日本の敗戦には自分たちに責任があると思っていた。そして、戦前の、まだ日本に選択肢があったときに、多数派に向かって「そっちには行っちゃダメだ」と声を上げるべきだったという痛苦な反省の気持ちがあった。「勇気を持たなかったこと」に悔いがあった。だから子どもたちに向かって、たとえ少数派になっても、間違っていると思ったことについては、

「それは間違っている」と言える勇気を持てと言っていた。

まず勇気、それから正直、親切。それが1950年代の児童教育の基本でしたけれど、それがある時期から「友情、努力、勝利」に変わってしまった。

めがね旦那　マンガ週刊誌の影響でしょうね(笑)。

内田　まず「友情」からというのは大きな変化だったと思います。「勇気」は孤立に耐えるということですけれど、「友情」はまず集団に属すことを求める。それは「孤立している人間には何もできない」ということを意味しています。孤立している人間はそもそもプレイヤーとしてゲームに参加する資格が認められていない。まず集団を形成して、その集団が努力をして、勝利を獲得する。それが「友情、努力、勝利」のストーリーなんです。

めがね旦那　その対比が今すごく腑に落ちました。

内田　「勇気を持て」というのは、「少数派であることに耐えろ」という意味です。僕はその時代の教えに忠実な子どもでしたから、孤立しても平気なんです。でも、今は孤立することを若い人たちは病的に恐れている。それは仕方がないんです。もう長いこと、勇気に道徳的価値があると教えてこなかったんですから。

めがね旦那　それから、内田先生が書かれていた文章の中で、「学校は競争の場で、労働は協働の場である」という言葉が印象に残っています。先ほどアンダーアチーバーという言葉でおっしゃっていた通り、教師の中にも仕事が苦手な人はいて、例えば、その先生から何か質問を受けたら普通に返します。労働という場では、年齢層も違いますし、それぞれが持っている能力も同じではないことが分かっていますから、助け合わないと成り立たないことがわかる。

一方、なぜか教室では、全員に同じ課題をやらせて、「助けてもらってはいけない」「自分の力でやりましょう」と言う。忘れ物をして怒られるのはその子が悪いからだとか、勉強ができないのはその子が怠惰だったからとか、自己責任の文脈で語られてしまうんです。そして、出来栄えや結果で子どもを測るんです。

大人の世界とのこのギャップをなくしていきたいと思い、今も孤軍奮闘しているところです。

内田　誰かが立ち上がると局面は変わります。それから「戦う」のって、楽しいですよ。頭もよく回るし、アドレナリンも出てきて。それで仲間ができるともう楽しいですよ。この世で一番楽しいのは「友だちと一緒に戦う」というシチュエーションですからね。

めがね旦那　あるとき、教室にある目標を数えたら8個もありました。学校の考え方って、やればやるほどよくなるという考え方に基づいた、足し算で成り立っているんです。これは、アプリケーションをインストールすればするほど便利になるという考え方と同じだなと思ったんです。目標を立てれば立てるほどよくなるし、教えれば教えるほど身につくという……。

内田　それは無理です。教育は生身の人間がやるものだから、リソースに限界がある。人間だから、寝なきゃいけないし、ご飯を食べなきゃいけないし、疲れるし、病気にもなるし……。でも、今の学校って、先生が壊れやすい生身の人間だということを考えていない。ひたすらタスクを増やしてゆけば、学校教育は改善されると思い込んでいる。日本の役人には「仕事を減らす」という考え方がありません。仕事を増やせば増やすほど、組織のアウトカムは向上すると信じている。そんなことあるわけないじゃないですか。

仕事は減らせば減らすほどいいんです。教師にとって一番大事なことは、子どもたちと向かい合う時間なんです。先生が上機嫌であること、子どもたちと一緒にいられる時間を最大化すること。そのために学校という制度があるんですから、今みたいに先生たちが書類仕事で疲れ果てて、子どもと接する時間を削らなければいけないというのは本末転倒なんです。だから、今こそ文科省に向かって「あなたたちの考えていることは間違っている」と勇気を持って教師たちが声を上げるべきところまできているんです。

めがね旦那　内田先生のお話を聞いていて、勇気という言葉は知っていたはずなのに、なぜ教育の文脈で出てこなくなってしまったのだろうと思いました。僕も子どもたちに向けて、勇気をテーマに語りかけたことがなかったです。また一つ、大事なキー概念をいただいたような気がします。

受け入れるということ

めがね旦那　これまでのお話をうかがって、勇気を持ってみんなで戦わなくてはいけないと思いながらも、一方で戦いとは、1人で自己責任で行うものだと思ってしまっている自分に気づかされました。今のは一例ですが、ようはいろいろな本を読む中でも、今までの僕の考え方とは違った言説に出合うと、いかにメディアなどから自然に入ってくる情報や知識に影響されて僕という人間ができあがってしまっているかということに気づかされます。

内田　そうです。あなたという人間は社会的に構築されたものなんです。「個性」ではなかった(笑)。

めがね旦那　それをベリベリ剝がしていく作業こそが、今の僕にとっての学びです。自分の価値観を疑うってとても大変ですね。

内田　そうですね。自分が個性だと思っているものの相当部分は、自分が浴びてきた時代のイデオロギーによってかたちづくられたものです。それを剝がしていって、その後に残ったものが「個性」なんです。自分の「ほんとうにこれだけは譲れない」という核心を探すためにも、できれば自分の判断は一旦「かっこに入れて」おいて、他人の話を聴くことが大切です。他人の話を聴いてるうちに「なるほど、そういう考え方もあるかも知れない」と思うごとに自分が「個性」だと思っていたイデオロギー的に外付けされたものが剝がれ落ちる。「なるほど。それは気がつかなかった」と膝を打つごとに人は自分の本質に接近してゆくんです。ほとんどのことについて「なるほどねえ」と受け入れられる人が、たまに「ちょっと待って、それはちょっと無理」ということがあれば、それはかなりその人の「決して譲れない」本質にかかわることのはずですから。

今「論破」と言って、誰の話にも耳を貸さないで、あらゆることについて「自分が正しい」と言い抜ける人がいますけれど、こういう人は「誰からも学ばない」「誰からも影響を受けない」という仕方で、成熟するチャンスを自分で壊しているんだと思います。

本来人間は可塑《かそ》的なものです。だから、論争というようなことは苦手なはずなんです。対話は好きだけど、論争は苦手。だって、相手の言うことに対して、何を聴いても「この人の言っていることにも一理あるかも知れない」と思う人間が論争で勝てるはずないじゃないですか。でも、それでいいと思うんです。そこら中に穴が空いていて、多孔質の、ふにゃふにゃした未定型の人間の方が、人間のありようとしては健全だと思うんです。ただ、このふにゃふにゃした状態を維持するのは、けっこうな精神力と体力がいるんですけどね。

めがね旦那　「ふにゃふにゃを維持する」って、おもしろい表現です。

内田　自己教育の仕組みとしては、「ふにゃふにゃ」している方があきらかに効果的なんです。誰が何を言おうと自分の意見は絶対に変えない人というのは、一見、自分の意見を持っていて強そうだけれども、自分の意見にとって有利な証拠だけ集めておけばいいので、知的にはそんなに大変な仕事じゃないんです。でも、ふにゃふにゃしている人は、自分の意見の根拠も探すし、対話している相手の意見の根拠も探すし、いろいろ用事が多くて大変なんです。

自分の意見を正しいと言い抜けるためには「頭がいい」ことがあれば足りますけれど、自分の意見も他人の意見も、それぞれに耳を傾けるためには「頭が大きい」ことが必要になる。市民的成熟って、「頭のいい人」ではなく「頭の大きい人」になることだと僕は思います。

めがね旦那　今のお話から、子どものキャリア教育を思い出しました。今のキャリア教育では、今の自分や将来の自分を言語化させ、自分の未来を決めてしまうようなやり方が増えています。しかし、これは子どもの思考を固めよう固めようとさせているように思えるのです。

内田　うかつに子どもに「将来何になりたい？」なんて、聞くもんじゃないです。大人はよくそうやって聞きますけれど、子どもにとっては、きびしい質問ですし、うっかり答えてしまうと、自分で言った言葉が「呪い」になって、先行きの選択を狭めることにもなる。

めがね旦那　内田先生が話されていることと、ことごとく逆をいくのが今の教育ですね……。

また一つ別の話題です。最近、僕に「救われた」と言う保護者と、「頼りない」と言う保護者が真っ二つに分かれているんです。例えば、クラスで学校に来れなかった子がいたのですが、その子が毎日学校に来れるようになってその保護者から感謝される一方で、「先生が厳しく言わないから、うちの子は物を片付ける習慣がなくなった」とクレームを入れてくる保護者たちも多いです。

内田　全部あなたのせいだ、と。

めがね旦那　そうなんです。また、こうした保護者からの「要求」に弱いのも、そうした声を「クレーム」という言い方をするのも、僕たち教師が従業員、保護者が顧客という、資本主義のロジックで学校教育を捉えてしまっているからなんだと思います。

そうした文化が今、学校を覆っています。ですから、今の学校ではクレームが一つでも入る教員はダメ教員なんです。「クレーム」がきたら「誠意ある対応」をしなければならないし、管理職も対応しないといけない。だから、クレームが出ない教員の方がいい。つまり、普通の教員が一番いいというわけです。こうしたいわば均質化の流れがあるわけですが、いろいろな実践を試みたい、試みている僕みたいな教員にとってはとても苦しいんです。

でも今日は改めて内田先生とお話しして、まさに「勇気」をもらいました。もう少し頑張ってみようと思います。

内田 「頼りない」っていうのはいい言葉ですよ。まさにふにゃふにゃな状態です（笑）。どうぞこれからも、勇気を持って頑張ってください。

内田 樹

うちだ・たつる／神戸女学院大学名誉教授・凱風館館長。1950年、東京都生まれ。東京大学文学部仏文科卒業。東京都立大学大学院人文科学研究科博士課程中退。東京都立大学人文学部助手を経て、神戸女学院大学文学部総合文化学科教授。大学退職後は、神戸市で武道と哲学のための学塾「凱風館」を主宰。合気道7段。著書に『ためらいの倫理学』（冬弓舎）、『レヴィナスと愛の現象学』（せりか書房）、『街場の教育論』（ミシマ社）など多数。

あとがき

『困難な教育』、どうだったでしょうか。

僕は常々「よくある教育書」は書きたくないと思っています。「明日から使える○○」とか「これを読めば○○になれる」のようなハウツー本にはニーズがあることを知っています。そういう知識が必要な人たちがいることも否定しません。教育には即興性が求められる部分が多分にあり、即興性を支えるのは「引き出しの多さ」です。僕だって、先ほどのような「よくある教育書」を読み漁っていた時期がありました。でも、ある時期から、「これだけではダメだぞ」と思うようになったのです。別の言い方をすれば、「小手先だけ」ではやっていけないということです。

教育という営みを主催する教師には「全人格的な素養」が求められています。それは「楽しい先生」や「おもしろい先生」だけではダメだということです。教育基本法にある言葉を借りれば「国家や社会の形成者」である子どもたちを育成していかないといけないのです。その場が楽しければいいというような、「いま、ここ」だけの思考だけでは物足りない。「未来の社会を作り上げていく大人」をどうやって育てていけばいいのか、という大問題を常に頭の片隅に置きながら、あーでもない、こーでもないと悩み続けていくような「知的体力」が教師には求められるのです。「知的体力」を「知性」と呼んでもいいでしょう。今が万全ではない。よりよい何かを目指すことができる。中途半端な現状に対して、様々な可能性を試すことができる。そういう状態におかれている教師こそが、「教育実践の正解」への長い歴程《れきてい》への第一歩を踏み出すことができると僕は信じています。

現在の学校教育には、この「知性」が失われ始めているのではないかと危惧しています。ベテランは、これまで積み上げてきた「手持ちの資産」だけでのやり繰りを考え、若手は「どこかにある正解」へ繋がる「ジャンプ台」を必死に追い求めている。中堅は中堅で、職場内での影響力をいかに強めるかに終始している。

悩むためには、自分にはない「ものさし」が必要です。二項対立で葛藤するためには、自分の中では決して生まれない、自分の教育哲学に反するような「ものさし」を、外部から取りにいかないといけません。そして、その複数のものさしを前にして、悩む。悩んだ結果、選んだ道を歩きながらも、やはり悩む。悩むためには先ほどの「知的体力」が求められます。悩むという行為にはかなりの負荷がかかります。

スッキリしてはいけないのです。スッキリしている人は「自己完結の輪」の中にいるかもしれません。スッキリしている人の視線は上を向き、足元への関心が薄れます。自信満々の足取りはスキップ状態かもしれませんが、その着地点には、「弱者である子ども」がいるかもしれません。気がつかずに踏みつけてしまう可能性だってあります。

悩んでいる人の視線は下向きです。自分の歩いている道が急に崩れる不安を常に抱えているから足取りも慎重です。でも、そのおかげで、踏みつけそうな足元にいる「弱者である子ども」に気がつくことができるのです。

この本で述べてきたことが、みなさんにはなかった「ものさし」となって、みなさんを、これまで以上に一層悩ませる結果になったのなら、この本の役割は達成できたのかなと思っています。

さて、ここからは個人的な話をさせてください。

みなさんには「師匠」はいますか。僕にとっての師匠はまさに「内田樹先生」です。内田樹先生の『街場の教育論』を読んで、ガツーンと一撃を喰らいました。それまでの僕の知的な枠組みの外側には、広大な地平が広がっているんだよと言われた気になりました。それからは、貪るように内田樹先生のご著書を読みました。それと並行して、いろいろな種類の本を読むようになりました。

それまでの教師としての僕は、「自己完結の輪」の中の住人だったと思います。荒れていると言われている学年をまとめあげて、校務分掌もしっかりとこなし、職員会議では堂々と意見を述べる。そんな自分に満足している部分もたしかにありました。でも、その「外側」の存在に気づいてしまった。「お前には足りない部分がたくさんあるのだ」と言われたのです。そして、たしかに僕には足りない部分だらけだったのです。それは、知れば知るほど、切実に感じるのでした。まるで、喉の渇きを癒すために海水を飲む人のようです。

内田樹先生に出会った少し後に、ユダヤ人歴史学者のユヴァル・ノア・ハラリ氏の『サピエンス全史』（河出書房新社、2016年）を読みました。これにも一撃を喰らわされました。僕は「歴史」をあまりに知らなさすぎた。本文中にも書きましたが、我々教師は子どもたちに「未来」を教えることはできません。我々が教えるのは、あくまで「過去」のことなのです。これは知識に限ったことではありません。「振る舞い方」だって「過去では、こうやって振る舞えばよかった」を教えているにすぎません。だから、教師はもっと「歴史」を知らなければならないのです。子どもたちに「モノゴトの成り立ち」を教えるためには「教科書の外側」をもっと知らないといけないのです。

内田樹先生とハラリ先生。僕はこのお2人を「お師匠様」として学んでいこうと決めました。すると、なんというか、とても心強い気持ちになりました。教育には正解がないと言われています。だから、時にはとても不安な気持ちになります。「果たしてこれでいいのだろうか」と悩んでしまいます。その、葛藤するエネルギーが大切だということは、ここまでも述べてきたのですが、一方で、人間はそんなに強くもありません。時には「誰かに頼りたい」気持ちにもなります。そんなときの「お師匠様」なのかなと、僕は考えています。

数年前から「本を耳で聞く」という習慣ができました。僕は、『困難な成熟』や『街場の教育論』、『サピエンス全史』や『ホモ・デウス』（河出書房新社、２０１８年）を何度も何度も耳で聞いています。読書という活動は一度だけで完結するものではありません。何度も何度も薄く塗り重ねていくようにして理解していくものだと考えています。だから、読むたびに「新発見」があるのです。これは不思議ですよね。文章は毎度同じなのに、読み手の「解釈」は毎度異なる。それは、僕が常に変化を続けているからなのです。むしろ、自身の変化に気がつくためにも、何度も何度も「同じ本を読む」のかもしれません。

今回の執筆の過程で、本書収録の「内田樹先生との対談」という夢のような企画も実現できました。本人と話すというのは、かなり勇気がいることで、自分の中で勝手に膨らませてしまった「内田樹先生」というイメージとご本人にズレが生じたらどうしようという不安も少なからずありました。しかし、そんなことは杞憂に終わりました。内田樹先生は、僕のまとまりのない話も（対談のはじめは本当に緊張して、何を喋っているのか自分でもわかりませんでした笑。なお、活字ではその部分は省略されていました笑）、しっかりと受けとめてくださって、さらに現場の教員に必要な「勇気」の話をしてくださいました。

「いろいろ大変なことはあるだろうけど、子どもたちを教育するのは、現場にいるあなたたちなのです。勇気を持って頑張ってください」。

内田樹先生からのメッセージを受け取って、僕はこれからも学び続けたいと思います。

最後になりましたが、原稿持ち込みの段階から「おもしろい」と言ってくださり、苦難もありましたが、何度も励ましてくださった学事出版の二井豪さん。そして、僕のワガママな性格を加味して、文章をより読みやすい形にしてくださった槖田幸希さんのお2人には大変感謝しています。

執筆は思考の整理であり個人的な活動であるとは、まえがきで書いたものの、それらは「誰かに読まれる」ことではじめて「価値」が生まれます。そういう意味で、僕の思考に価値づけをしてくださって嬉しいです。ありがとうございました。

個人的な話ですが、今年度は仕事上の苦難が多く、なかなか大変な1年ですが、それさえ「そんな年もあったよね」と「未来の養分」へと消化できるようにしていけたらと思います。

2023年6月　夏の足音が聞こえる大阪にて

めがね旦那

小学校教員。1987年生まれ。3児の父。妻も小学校教員。

和歌山県にあるオルタナティブスクール「きのくに子どもの村学園小学校・中学校」を卒業し、公立高校へ進学。その後、教育大学へ進学するも、ストリートダンスに没頭してしまう。卒業後の勤務先は単学級。右も左もわからないまま、もがき続ける数年間で、自身の教育哲学と向き合う実践を自由に行えたことが、その後のTwitterでの発信の土台となる。

育休中に始めたTwitterは現在フォロワーが4万人を超える。独自の視点からの発信に対しては共感と反感が寄せられるが、本人は「すべてから学びたい」と楽観的である。

著書に『その指導は、しない』『それでも僕は、「評価」に異議を唱えたい。』(以上東洋館出版社)、『クラスに「叱る」は必要ない!』(学陽書房)、『授業の余白 学びの自由度を高める22の授業論』(明治図書)などがある。

困難な教育

―― 悩み、葛藤し続ける教師のために ――

2023年8月20日　初版第1刷発行

著　者　めがね旦那
発行者　安部英行
発行所　学事出版株式会社
〒101-0051　東京都千代田区神田神保町1-2-5
電話 03-3518-9655　https://www.gakuji.co.jp
編集担当　二井 豪・粂田幸希

装丁・デザイン　弾デザイン事務所
印刷・製本　研友社印刷株式会社

ISBN　978-4-7619-2939-8　C3037